Illisibilité partielle

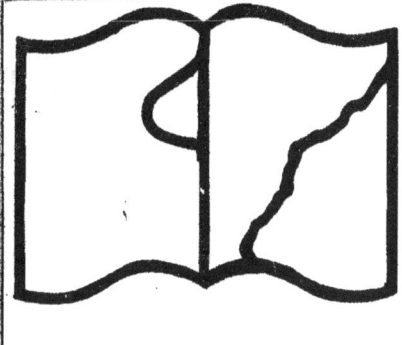

Texte détérioré — reliure défectueuse
NF Z 43-120-11

VALABLE POUR TOUT OU PARTIE DU DOCUMENT REPRODUIT

BIBLIOTHÈQUE CONTEMPORAINE

ARSÈNE HOUSSAYE

LES

FILLES D'ÈVE

NOUVELLE ÉDITION

PARIS
MICHEL LÉVY FRÈRES ÉDITEURS
RUE AUBER, 3, PLACE DE L'OPÉRA
LIBRAIRIE NOUVELLE
BOULEVARD DES ITALIENS, 15, AU COIN DE LA RUE DE GRAMMONT
1875

MICHEL LÉVY FRÈRES, ÉDITEURS

OUVRAGES
DE
M. LE C^{TE} AGÉNOR DE GASPARIN

	FR.	C.
UN GRAND PEUPLE QUI SE RELÈVE, 4e édition. Un vol. grand in-18	3	50
L'AMÉRIQUE DEVANT L'EUROPE. — PRINCIPES ET INTÉRÊTS. Un vol. in-8	6	»
LE BONHEUR, 7e édition. Un vol. grand in-18	1	25
LA CONSCIENCE, 4e édition. Un vol. grand in-18	3	50
L'ÉGALITÉ, 3e édition. Un vol. grand in-18	3	50
LA FAMILLE, ses devoirs, ses joies et ses douleurs. 9e édition. Deux vol. grand in-18	2	50
LA FRANCE, nos fautes, nos périls, notre avenir, 4e édit. Deux vol. grand in-18	7	»
INNOCENT III, 3e édition. Un vol. grand in-18	3	50
LUTHER ET LA RÉFORME AU XVIe SIÈCLE, 3e édition. Un vol. grand in-18	3	50
LA LIBERTÉ MORALE, 3e édition. Deux vol. gr. in-18	2	50
LE BON VIEUX TEMPS, 3e édition. Un vol. grand in-18	3	50
L'ENNEMI DE LA FAMILLE, 4e édit. Un vol. grand in-18	1	25
LES ECOLES DU DOUTE ET L'ECOLE DE LA FOI. 3e édit. Un vol. grand in-18	1	25
PENSÉES DE LIBERTÉ. Un vol. grand in-18	3	50
LA DÉCLARATION DE GUERRE, 2e édition Brochure	»	50
LES RÉCLAMATIONS DES FEMMES, 3e édition. Brochure	1	»
LA RÉPUBLIQUE NEUTRE D'ALSACE, 2e édit. Brochure.		
APPEL AU PATRIOTISME ET AU BON SENS. Brochure.		

OUVRAGES
DE L'AUTEUR DES HORIZONS PROCHAINS

BANDE DU JURA. — Les Prouesses, 2e édition. Un vol. gr. in-18	3	50
— Premier voyage, 2e édition. Un vol. gr. in-18	3	50
— Chez les Allemands.—Chez nous. 2e édit. Un vol. grand in-18	3	50
— A Florence. 2e édit. Un vol. grand in-18	3	50
AU BORD DE LA MER, 2e édition. Un vol. gr. in-18	3	50
CAMILLE, 3e édition. Un vol. grand in-18	3	50
A CONSTANTINOPLE, 2e édition. Un vol. grand in-18	3	50
A TRAVERS LES ESPAGNES, 2e édition. Un vol. gr. in-18	3	50
LES HORIZONS CÉLESTES, 9e édition. Un vol. gr. in-18	3	50
LES HORIZONS PROCHAINS, 7e édition. Un vol. gr. in-18	3	50
JOURNAL D'UN VOYAGE AU LEVANT, 2e édition. Trois vol. grand in-18	10	50
LES TRISTESSES HUMAINES, 5e édition. Un vol. in-18	3	50
VESPER, 4e édition. Un vol. grand in-18	3	50

35ᵉ ANNÉE

LA PATRIE

JOURNAL QUOTIDIEN
POLITIQUE, LITTÉRAIRE, SCIENTIFIQUE, COMMERCIAL ET FINANCIER

Par l'organisation spéciale de son service d'Informations, de Télégrammes et de Correspondances
LA PATRIE est toujours promptement et sûrement renseignée

Magnifiques **PRIMES GRATUITES** offertes à tous les Abonnés :

LES MÉMOIRES DE M. GUIZOT, 8 vol. in-18, comprenant les événements politiques depuis 1814, et dont la valeur en librairie est de 60 francs. — L'UNIVERS ILLUSTRÉ. — Environ **2,000 volumes** de la Maison MICHEL LÉVY frères : Ouvrages illustrés, richement reliés et dorés sur tranches. — Partitions complètes de la Maison L. ESCUDIER : **DON JUAN** (Mozart); **LE BARBIER DE SÉVILLE** (Rossini); — **LOUISE MILLER** (Verdi); — **MINA** (Amb. Thomas); — **JEANNE D'ARC** (Verdi), etc., etc.

ABONNEMENTS : PARIS...... **13** fr. **50** c., **27** fr., **54** fr.
DÉPARTEMENTS. **16** » » **32** **64**

Pour s'abonner, envoyer un MANDAT-POSTE *à* M. *l'Administrateur de*
LA PATRIE
Rue du Croissant, 12, Paris

PARIS-JOURNAL
POLITIQUE ET FINANCIER

PRIMES :
MONTRE ALUMINIUM OU PENDULE RÉVEIL-MATIN
POUR RIEN

PENDULE RENAISSANCE OU MONTRE EN VERMEIL
Pour **15 francs** en sus de l'Abonnement

PRIMES	MONTRE EN OR	PRIMES
livrées de suite	POUR 32 FRANCS	livrées de suite
—	En sus de l'Abonnement	—
UN SEMESTRE	Abonnement d'un an : 64 fr.	UN SEMESTRE
D'AVANCE	9, rue d'Aboukir, 9	D'AVANCE

2, rue du Pont-Neuf, 2
SEULE ENTRÉE au coin du QUAI

 MAISON DE LA

BELLE JARDINIÈRE

VÊTEMENTS pour HOMMES et pour ENFANTS

Tout Faits et sur Mesure

CHAPEAUX, CHAUSSURES, BONNETERIE, CHEMISERIE

ET TOUT CE QUI CONCERNE L'HABILLEMENT DE L'HOMME

Spécialité de VÊTEMENTS pour la Chasse
ET DE VÊTEMENTS POUR LIVRÉES

Envoie en Province, sur demande, des Échantillons avec Gravure de Mode et Indications nécessaires pour prendre soi-même les Mesures et EXPÉDIE contre Remboursement FRANCO au-dessus de 25 francs.

SUCCURSALES :

LYON, rue Saint-Pierre, 26.	NANTES, cours Cambronne.
MARSEILLE, rue Pavillon, 28.	ANGERS, rue Saint-Laud, 72.

PARIS, place Clichy
(au coin des rues de Clichy et d'Amsterdam)

— 3 —

LE FIGARO

Abonnements : PARIS, trois mois . . . . 15 francs.
Abonnements : DÉPARTEMENTS, trois mois . . . 18 francs.

HÔTEL DU FIGARO

26, RUE DROUOT, 26

PARIS

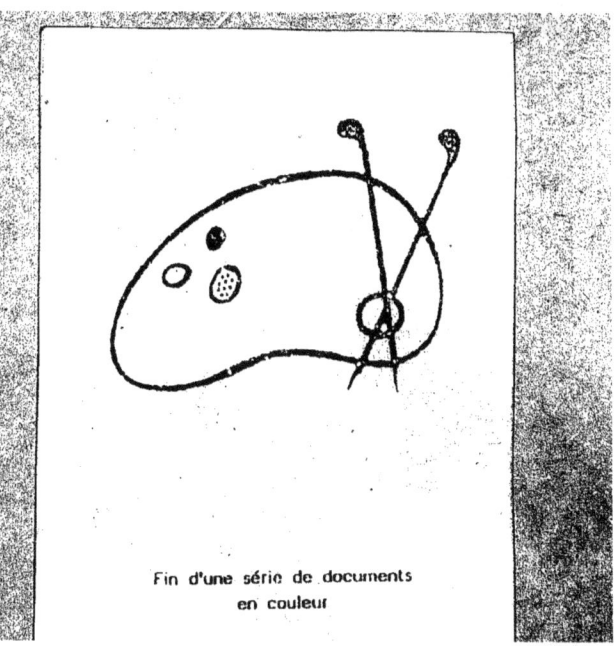

Fin d'une série de documents en couleur

LES
FILLES D'ÈVE

CALMANN LÉVY, ÉDITEUR

OUVRAGES
DE
ARSÈNE HOUSSAYE
FORMAT GRAND IN-18

LES AMOURS DE CE TEMPS-LA............................ 1 vol.
L'AMOUR COMME IL EST (nouv. édition)................. 1 —
AVENTURES GALANTES DE MARGOT (nouv. édition)........ 1 —
LA BELLE RAFAELLA................................... 1 —
BLANCHE ET MARGUERITE (2ᵉ édition).................. 1 —
LES DIANES ET LES VÉNUS............................. 1 —
LES FEMMES COMME ELLES SONT (nouv. édition)......... 1 —
LES FEMMES DU DIABLE (nouv. édition)................ 1 —
LES FILLES D'ÈVE (nouv. édition).................... 1 —
MADEMOISELLE MARIANI, histoire parisienne (6ᵉ édition)... 1 —
LA PÉCHERESSE (nouv. édition)....................... 1 —
LE REPENTIR DE MARION (nouv. édition)............... 1 —
LA VERTU DE ROSINE (nouv. édition).................. 1 —

MADEMOISELLE CLÉOPATRE
7ᵉ édition. — 1 vol. in-8ᵒ cavalier.
LES MAINS PLEINES DE ROSES
PLEINES D'OR ET PLEINES DE SANG
1 volume in-8ᵒ.

Coulommiers. — Typog. ALBERT PONSOT et P. BRODARD.

LES
FILLES D'ÈVE

PAR
ARSÈNE HOUSSAYE

NOUVELLE ÉDITION

PARIS
CALMANN LÉVY, ÉDITEUR
ANCIENNE MAISON MICHEL LÉVY FRÈRES
RUE AUBER, 3, ET BOULEVARD DES ITALIENS, 15,
A LA LIBRAIRIE NOUVELLE
—
1876
Droits de reproduction et de traduction réservés

LES
FILLES D'ÈVE

GRANDE DAME — COMÉDIENNE — RELIGIEUSE

PROLOGUE

LES CRIMES DE L'AMOUR

I

M. de Parfondval était un comte de l'Empire qui avait gagné sa noblesse sur le champ de bataille, dans l'état-major de Napoléon. Après quelques échecs à la cour de Louis XVIII, il résolut de vivre aux champs presque en solitaire dans les distractions de la chasse. C'était se reposer de la guerre par la guerre.

Il avait acheté une terre dans le Bourbonnais. Parmi ses voisins de campagne était le chevalier de Béthisy, un gentilhomme ruiné depuis la Révolution, qui vivait là, comme un paysan, du produit très-variable d'une petite ferme où il récoltait plus d'orge que de froment, plus d'ivraie que de bon grain.

Mais le pauvre chevalier avait chez lui une vraie fortune qui égayait les mauvais jours d'un doux rayon. C'était sa fille, qui était belle, jeune encore, symbole de grâce, de vertu et de résignation.

M. le comte de Parfondval ne la vit pas trois fois sans en devenir amoureux, — sentiment presque fraternel pour cette belle fille qui allait s'étioler à l'ombre. — Il se lia avec le chevalier, il alla chasser avec lui, et, quoiqu'il se fût jusque-là promis de ne se jamais marier, il ne tarda pas à demander la main de mademoiselle Amélie de Béthisy.

— La main de ma fille! s'écria le chevalier avec joie; mon cher comte, tout ce que j'ai est à vous. Ma fille, mes parchemins et mon château.

Ceci se passait un jour de chasse. Le soir, le vieux chevalier s'en revenait gaiement à son petit manoir ruiné, qui n'avait plus rien de seigneurial qu'un colombier pratiqué dans une des anciennes tourelles.

— Quelle bonne fortune! se disait-il en foulant l'herbe de l'ancienne avenue, qui était devenue le chemin des vaches de la ferme. Le comte de Parfondval est un galant homme; il a cent cinquante mille livres de rente, voilà ma fille qui va prendre enfin son rang dans le monde. Qui sait? elle est si belle et si bonne, que, par tendresse pour son vieux père, elle songera peut-être un jour à relever ce pauvre château en ruine, à replanter cette avenue dont on a fait un pré, à rétablir les barrières de ce parc dont on a fait un champ de betteraves.

Disant ces mots, le chevalier franchit le seuil de la ferme. Il fut arrêté au passage par un valet de charrue qui voulait lui dire que ses chevaux étaient sur les dents.

— Eh bien, qu'on aille leur chercher du trèfle, de la luzerne, de l'avoine.

Mais monsieur le chevalier sait bien qu'il n'y a plus rien dans les greniers.

— Qu'est-ce à dire, faquin?

Le chevalier retomba du haut de ses rêves.

— Demain, demain, dit-il au domestique, je n'ai pas le temps de te répondre aujourd'hui.

Il jeta un regard attendri sur les ruines du château et s'avança vers l'escalier d'un petit corps de logis tout lézardé qui, dans des temps meilleurs, avait été l'habitation des fermiers de Béthisy. N'ayant pas d'argent pour restaurer le château, le pauvre chevalier, résigné à tout, avait consenti à prendre la place de son fermier. Il franchit le seuil d'une porte basse avec un battement de cœur. Jetant un regard rapide dans la pièce d'entrée, qui était la cuisine et la salle à manger, il voulait passer dans la pièce voisine, qui était la chambre de sa fille, quand il aperçut Amélie assise au coin du feu comme Cendrillon, en compagnie d'une grosse Bourbonnaise, fraîche et rubiconde, cheveux ébouriffés et bras nus, qui, accroupie devant l'âtre, attisait sans cesse un léger feu de fagots pour hâter l'heure du souper. C'était tout un tableau.

Le chevalier fit quelques pas vers sa fille. Elle était là, au coin du feu, étrangère à tout ce qui se passait sous ses yeux, au point qu'elle ne vit pas venir son père.

— Amélie, est-ce bien toi?

— Ah! dit-elle en se levant, j'oubliais; bonsoir, mon père.

— Tu rêvais, à ce que je vois; c'est cela, le bonheur vient en dormant.

— Eh bien, la chasse? Votre gibecière est vide!

— Oui, mais si tu mettais la main sur mon cœur...

— Mon père, comme vous êtes ému!... Ursule, allumez donc la lampe.

La paysanne prit un tison et l'éleva à une lampe de fer suspendue à la crémaillère. Peu à peu on distingua dans le fond obscur de la salle mademoiselle Amélie de Béthisy, qui était blonde, blanche et svelte comme une vierge du vieux maître Stéphan de Cologne.

Le vieux chevalier ne pouvait garder son secret plus longtemps.

— Ma chère Amélie, passons dans ta chambre, j'ai quelque chose à te dire; je voulais attendre après souper, mais est-ce que je pourrais souper sans te dire cela?

Il prit la main de sa fille, et, avec un cérémonial qui n'était plus d'usage à la ferme, il la conduisit galamment dans sa chambre. Déjà ses rêves avaient, à ses yeux, métamorphosé la cuisine de la ferme en quelque salon doré. Amélie entra la première dans une petite pièce qui exhalait un austère parfum de vertu et de pauvreté.

L'ameublement en était des plus simples, mais rehaussé par un certain caractère de distinction. Le lit était perdu sous d'amples rideaux blancs qui laissaient voir suspendu au mur nu de la chambre un bénitier de cuivre doré, sculpté avec beaucoup d'art, représentant une descente de croix. Un chapelet serpentait autour du bénitier. Des branches de buis bénit formaient, pour ainsi dire, la couronne du lit. La chambre était dallée en pierre. Un bahut, grosssièrement sculpté, s'élevait entre la cheminée et la fenêtre. Sur la cheminée, Amélie avait accroché, en guise de glace, un gracieux portrait au pastel représentant madame de Béthisy, qui était morte à vingt ans. Le chevalier avait dit un jour à sa fille :

« Je te prendrai ce portrait et je te donnerai là un miroir. »

Mais Amélie avait supplié son père de n'en rien faire.

Cependant la servante avait allumé une lampe dans la petite chambre de sa maîtresse.

— Va nous préparer à souper, dit le chevalier à la Bourbonnaise.

Quand la porte fut fermée, il se retourna vers sa fille, la contempla avec amour et lui dit, en éclatant dans sa joie :

— Madame la comtesse de Parfondval, je vous salue.

La jeune fille pâlit et porta la main à son cœur :

— Mon père, qu'avez-vous dit? Je ne vous comprends pas.

— Je veux dire, ma fille, qu'avant trois semaines, vous serez, par-devant notaire, madame la comtesse de Parfondval.

— Mais, mon père...

— Le comte a ma parole : vous comprenez que j'ai accueilli avec ivresse un pareil titre et une pareille fortune pour vous.

— Je vous remercie, mon père, murmura Amélie en s'asseyant.

— Quoi! c'est ainsi que vous accueillez ce coup du

sort! Ma fille comtesse! mais moi je ne me contiens plus : il me semble que je vais emporter cette ferme sur mes épaules.

— Mon Dieu, mon père, j'étais si peu préparée à ce que vous me dites là, que vous me pardonnerez de ne pas comprendre encore votre bonheur.

— Est-ce donc si difficile de s'accoutumer à la fortune? Ah! chère Amélie, si vous saviez comme j'ai souffert jour par jour de voir tomber toutes mes espérances, de me voir pauvre quand vous étiez là, pour hériter de ma misère! Car enfin, si j'étais mort, que fussiez-vous devenue?

— Vous savez bien, mon père, que mon ambition se borne à vous aimer, à vivre d'un peu de soleil et de liberté. Si je deviens madame la comtesse de Parfondval, respirerai-je sur la terre un air plus doux?

Le chevalier s'avança vers sa fille en piétinant de colère.

— Amélie! Amélie! le sang de ma race ne fait-il donc pas battre votre cœur? Ah! malheureuse fille, je reconnais votre fatal aveuglement. Amélie, vous n'avez point oublié Pierre Marbault, ce rustre que j'ai chassé de mon château. Quoi! vous n'avez pas été indignée en apprenant qu'il osait aspirer à votre main!

Amélie regarda tristement son père et répondit après un silence :

— Non, mon père, je n'ai pas oublié Pierre Marbault! son amour ne m'a point indignée, car vous avouerez vous-même que ce brave garçon n'a qu'un tort à vos yeux, c'est d'être le fils d'un maître d'école. Je veux bien qu'on soit un comte, mais pourquoi n'oserais-je pas vous dire qu'avant tout je veux qu'on soit un homme? Pour n'être pas né dans un château, ie croyez-vous moins noble par les sentiments? Dieu est un bon père qui ne connaît pas le grand livre héraldique.

— Ainsi, vous voulez me faire mourir de chagrin?

— Mon père, je suis prête à vous obéir. M. le comte de Parfondval a votre parole, il a la mienne. Je suis trop heureuse de reconnaître par mon obéissance tout ce que je dois à votre cœur; je n'acquitterai jamais trop ma dette.

— Allons, allons, que je vous embrasse; vous oublierez ce maraud que vous n'aimez pas, mais que vous protégez pour me mettre en colère: il faut bien se venger un peu quand on est femme. Nous allons souper le plus gaîment du monde. Demain, le comte viendra pour vous prier d'agréer ses vœux. Soyez-lui gracieuse; je ne vous demande pas de vous jeter à sa rencontre, mais n'oubliez pas que je lui ai accordé votre main.

Amélie détourna la tête pour cacher une larme.

— Allons souper, dit-elle en soupirant.

Elle se leva, passa dans la cuisine et s'avança à la porte sur le petit perron rustique. Il lui fallait respirer au grand air pour ne pas tomber toute défaillante. Elle vint bientôt se mettre à table et fit semblant de manger comme de coutume. La nuit, elle pria Dieu et ne dormit guère. Le lendemain, dès l'aube, elle s'habilla et dit à Ursule qu'elle allait cueillir des pêches dans le verger.

Le verger était un champ encadré de haies de sureaux, au bout de l'ancien parc du château, à la pointe de l'étang.

II

C'était là que, pour la première fois, elle avait vu Pierre Marbault. — Pierre Marbault, si éloquent avec ses grands yeux verts. Il se reposait sur le bord du chemin, au retour d'un petit voyage. Amélie était de l'autre côté de la haie. C'était un soir d'octobre. Les chiens de chasse aboyaient dans les regains; les vendangeurs criaient gaiement dans les vignes. Le soleil, à son couchant, répandait un air de fête sur les montagnes et sur les vallées. Pierre Marbault et Amélie ne se dirent presque rien, mais ils se comprirent sans se parler. Amélie était belle, simple, charmante. Pierre Marbault, quoique fils d'un de ces vieux maîtres d'école qui savaient pour toute science, — boire au cabaret et chanter au lutrin, — pouvait, à bon droit, passer pour un homme spirituel et distingué. Il est vrai de dire qu'il n'avait pas étudié à l'école de son père. Le curé de l'endroit, ayant remarqué sur son front un éclair d'intelligence, avait voulu lui donner des leçons d'histoire et de latin. Avec une belle et intelligente figure, avec la science du curé, le pauvre Pierre Marbault n'était guère plus avancé. Il avait passé quelque temps à Paris dans un atelier de peinture, se croyant artiste parce qu'il avait un cœur haut placé; mais la main n'avait pas répondu à l'intelligence. Après quelques mois de misère et de découragement, il était revenu au pays.

Depuis trois à quatre ans il attendait, suivant son expression, un point de départ pour se mettre en route, peignant çà et là un paysage ou une scène rustique qu'il envoyait à Paris.

Amélie avait pris l'habitude d'aller au verger ; Pierre Marbault ne passait pas un jour sans aller voir le soleil couchant sur le Chemin-Vert. Plus d'une année s'écoula ainsi. Pierre Marbault avait fini par cueillir des fleurs dans la haie de sureaux pour les offrir tout en tremblant à mademoiselle de Béthisy. Elle voulait refuser :

— Songez, mademoiselle, que ces liserons-là sont à vous ; n'ont-ils pas poussé sur votre champ ?

Amélie avait accepté pour ne pas chagriner Pierre Marbault. Le lendemain, Pierre avait osé franchir la haie ; le surlendemain, ils s'étaient promenés ensemble effrayés du bonheur qu'ils respiraient sous les arbres. Le chevalier, les ayant rencontrés sur le bord de l'étang, avait accueilli Pierre Marbault avec bonne grâce :

— Venez au château, mon ami ; le curé m'a dit qu'il y avait en vous l'étoffe d'un savant ; il faut encourager les hommes de bonne volonté.

Pierre Marbault avait accompagné le chevalier et Amélie jusqu'à la porte de la ferme. Peu à peu, il s'était enhardi ; un jour, il avait osé, voyant le chevalier en belle humeur, lui confier ses rêves et ses espérances. Le chevalier, violemment offensé, l'avait pris par les épaules et l'avait précipité au bas du perron. Depuis cette aventure, Amélie l'avait à peine entrevu à l'église de Béthisy et sur le Chemin-Vert. Depuis plus de trois mois, d'ailleurs, il était allé peindre des portraits à Moulins.

Amélie retournait souvent au verger, non qu'elle espérât y voir Pierre Marbault, mais pour y vivre dans le passé.

Ce matin-là, elle s'arrêta à la porte et respira avec de poignants souvenirs l'amer parfum de la haie.

— C'est fini, dit-elle en fondant en larmes, demain, ce soir même, quand j'aurai vu M. de Parfondval, je n'aurai plus le droit de venir ici sans être coupable; car je viens ici comme à un rendez-vous d'amour. Pierre a beau être parti depuis longtemps, il y a dans ce verger quelque chose de lui. Je l'entends qui me parle dans ces arbres; je n'ai qu'à fermer les yeux pour le voir de l'autre côté des sureaux... Ah! mon Dieu!...

Mademoiselle de Béthisy avait entrevu Pierre au bord de l'étang. Il ne se doutait pas qu'elle fût là. Il était revenu la veille à Béthisy; il avait marché pendant sept heures, pour qu'il lui fût permis ce jour-là de voir la petite fenêtre d'Amélie et de cueillir un liseron dans la haie de sureaux.

Amélie n'eut pas la force de se cacher.

— Mademoiselle Amélie! s'écria-t-il en laissant tomber son bâton.

Emportée par son cœur, elle fit un pas vers lui.

— Pierre! Pierre! Dieu nous pardonnera, car nous ne nous verrons plus.

Il vint à elle pâle et tremblant.

— Que dites-vous? Ah! comme vous êtes abattue!

— Pierre, je vais épouser M. de Parfondval. C'est mon père qui le veut, je ne puis qu'obéir. J'aurais voulu ne jamais me marier, vous savez pourquoi; mais enfin il faut se résigner à tout. J'étais venue ici pour vous dire adieu, mais je ne croyais pas vous voir. Adieu donc, Pierre... Mais vous ne me dites pas un mot... Pierre, vous m'effrayez!

Pierre Marbault, frappé au cœur, avait à peine la force de lever les yeux.

— Voyons, Pierre, est-ce donc à moi à vous consoler? N'est-ce pas moi qui suis le plus à plaindre des deux? Vous pourrez revenir ici, mais moi, jamais. Pierre, Pierre, parlez-moi donc!

Pierre Marbault regarda Amélie avec une expression de douleur tour à tour tendre et farouche.

— Amélie, vous m'aimez, n'est-ce pas?

Elle répondit d'une voix éteinte :

— Je vous ai aimé.

Il lui saisit la main et l'entraîna en courant comme un fou sur le bord de l'étang.

— Pierre, j'ai peur. Vous me brisez la main.

Pierre, tout éperdu, ne répondit pas; il regarda l'eau avec une joie funèbre.

— Pierre! Pierre! ne me tuez pas.

— Ah! dit-il avec colère, tu ne m'aimes pas assez pour mourir avec moi; eh bien, adieu donc!

Il s'enfuit, ramassa son bâton dans l'herbe et disparut dans le bois.

Amélie tomba agenouillée sur le bord de l'étang.

— O mon Dieu! dit-elle en versant d'abondantes larmes, faites qu'il ne revienne jamais!

III

A trois semaines de là, M. le comte de Parfondval épousa mademoiselle Amélie de Béthisy. Tout le département s'occupa des robes et des chevaux de la mariée. Excepté elle-même, toutes les femmes du pays auraient voulu être à sa place.

Dans le contrat de mariage, le comte lui avait reconnu une dot de deux cent mille francs, et lui avait donné, en cas de survivance, l'usufruit de tous ses biens. Dans le château, il avait répandu le luxe à pleines mains. M. de Parfondval était un galant homme qui savait se montrer prodigue à propos. Amélie ne put s'empêcher de lui vouer, dès l'origine, un sentiment de reconnaissance. Ce n'était pas sans plaisir qu'elle voyait son vieux père, qui avait la folie des grandeurs et des titres, parler des gens, des terres et des équipages de sa fille. Que n'eût-elle pas donné cependant pour retourner dans sa petite chambre dallée en pierre, libre comme les oiseaux de la forêt vivant d'air et de soleil !

Peu de jours après son mariage, elle demanda au comte qu'il voulût bien lui permettre d'employer la moitié de la dot qu'elle lui devait à relever le petit château de son père. M. de Parfondval offrit de rétablir le vieux manoir à ses frais ; mais, voyant que sa femme insistait pour le faire avec sa dot, il comprit la pensée toute filiale de son œuvre et donna son approbation. On n'a pas d'idée de la joie du vieux chevalier. Il se levait avec le soleil pour voir tailler les pierres; il montait sur l'échafaudage pour encourager les maçons. Jamais on n'avait vu s'élever un château, même un château en Espagne, avec un pareil bonheur.

Le pauvre homme! On en était à la dernière assise : on avait posé les sculptures des fenêtres et des entablements, quand il fut atteint d'une fièvre maligne qui l'enleva en trois jours. A l'heure de sa mort, il dit à sa fille, ne la reconnaissant pas :

— N'oubliez pas d'informer madame la comtesse de Parfondval, née mademoiselle de Béthisy, que je veux être enterré dans la chapelle du château de mes pères.

On n'en fit rien, par la raison toute simple qu'il n'y avait plus de chapelle au château de Béthisy. Le pauvre chevalier fut enterré dans le cimetière du village, côte à côte avec le maître d'école qui venait de mourir de la fièvre du vin.

Amélie pleura son père avec un profond chagrin. Elle pleurait plus qu'un père, elle perdait tout espoir de retourner à ce pays si doux où elle avait entrevu le bonheur. Dieu, qui veillait sur elle et la voulait consoler, lui donna une fille. Du jour où elle fut mère, elle vit s'ouvrir dans la vie de nouvelles perspectives. Le comte, d'ailleurs, bien qu'il eût reconnu depuis longtemps qu'elle avait pour lui plus d'estime que d'amour, ne cessait pas d'être avec elle d'une inaltérable bonté. Il l'aimait, non pas avec passion, mais avec un sentiment fraternel. Il lui dit un jour :

— Est-ce donc toujours le souvenir de votre père qui vous attriste ainsi? Permettez-moi de vous dire que je suis étonné que vous ne songiez pas à voir son tombeau. Vous étiez pourtant là l'autre semaine, quand on est venu m'apprendre que la grille était posée. Tenez, Amélie, nous n'attendons personne; voulez-vous que je demande la voiture? Nous irons aujourd'hui au petit cimetière où repose le pauvre chevalier, ce noble cœur si digne des anciens temps.

Madame de Parfondval pâlit et se troubla pour répondre. Elle avait entrevu le verger encadré de sureaux; car, pour aller au cimetière de Béthisy, il fallait passer par là. Elle avait beau jeter un voile sur le passé, elle avait beau presser sa fille sur son cœur, un souvenir de Pierre Marbault, celui qu'elle avait aimé, reparaissait toujours devant elle dans toute la magie du souvenir, tantôt tendre et suppliant comme elle l'avait vu sous les pommiers du verger, tantôt farouche et désespéré comme à leur dernier adieu, quand il voulait la précipiter dans l'étang.

— Non, dit-elle, agitée par un vague pressentiment, je n'irai pas au cimetière.

— Il me semble, Amélie, que vous devez bien cela à la mémoire de votre père. Vous savez que je n'ai pas l'habitude de vous jamais contrarier en rien, mais, pour aujourd'hui, je vous ordonne de venir avec moi; voyez si nous n'avons pas la plus belle soirée du monde.

— Oui, pensa Amélie en tressaillant, que de liserons en fleur dans la haie du verger!

On exprimerait mal la violente secousse que ressentit

la jeune comtesse quand le tilbury passa sur le Chemin-Vert, devant la haie de sureaux. Les branches des pêchers ployaient sous leurs fruits; les pommes, tombées sur l'herbe, exhalaient ce doux et triste parfum d'automne qui saisit le cœur d'une profonde et mystérieuse mélancolie.

— Comte, dit Amélie en tressaillant, donnez-moi votre main, je vais me trouver mal.

— Amélie!... Quelle pâleur! quel abattement!

— Ce n'est rien, reprit-elle en respirant avec plus de liberté, ce n'est rien... un triste souvenir. Si je pouvais pleurer comme tant d'autres, je n'étoufferais pas ainsi.

— Pleurez! pleurez, Amélie; votre père est bien digne d'être pleuré.

Dans le cimetière, le comte ne vit pas, sans quelque surprise, la sérénité de la comtesse quand elle s'agenouilla devant la tombe du chevalier.

Le fossoyeur de Béthisy, qui avait autrefois gardé les troupeaux à la petite ferme, fauchait de l'herbe pour ses vaches dans un coin du cimetière. Il vint saluer Amélie, et lui dire à sa manière des compliments de condoléance.

M. de Parfondval se promenait de long en large à travers les tombes ensevelies sous l'herbe.

— Ah! madame la comtesse, il y a bien du nouveau ici, dit le fossoyeur en regardant à ses pieds. Voyez le maître d'école et sa fille.

— Sa fille! Éléonore? dit avec trouble madame de Parfondval, en pensant à Pierre.

— Sans compter que Pierre Marbault n'en vaut pas

mieux; vous ne l'avez pas rencontré là-bas sur le Chemin-Vert? On dirait un fantôme qui se promène par là.

— Je le croyais bien loin d'ici.

— Ah! c'est étonnant, murmura le fossoyeur en regardant la comtesse en dessous.

Tous les paysans de Béthisy savaient qu'Amélie avait eu, comme ils le disaient, des bontées pour Pierre Marbault. Le fossoyeur, à ce point délicat de la conversation, n'osa plus ajouter un mot. Il salua et retourna d'un air discret dans le fond du cimetière, en murmurant :

— Tout bête que je suis, je vois plus clair que M. de Parfondval.

Il avait à peine repris sa faux quand le comte s'avança vers lui.

— Mon brave homme, savez-vous si Pierre Marbault est à Béthisy?

— Oui, monsieur le comte. Il est toujours là, les bras croisés. Ce serait d'ailleurs une bonne œuvre de penser à lui, car il a sa mère qui est sans ressource.

— Voulez-vous lui dire que je l'attendrai demain jusqu'à midi?

— A vos ordres, monsieur le comte.

Le lendemain, comme madame de Parfondval traversait le vestibule pour se rendre dans le parc avec sa petite fille dans les bras, elle rencontra Pierre Marbault qui ne savait de quel côté aller.

— Pierre! s'écria-t-elle toute pâlissante.

— Ah! mon Dieu! madame, je suis désolé de vous rencontrer. Je viens pour parler à M. de Parfondval.

— Vous le trouverez au pressoir avec ses vendangeurs.

Disant ces mots, Amélie s'inclina d'un air glacial et descendit rapidement les marches du perron.

— Elle ne m'aime plus, dit Pierre; je puis donc venir ici sans danger.

— Le pauvre garçon! dit Amélie, quand elle se sentit à vingt pas de Pierre. Et je m'imaginais que mon pauvre cœur était le plus à plaindre!

M. de Parfondval voulait faire peindre, pour la salle à manger, quatre vues de son château. Il avait vu des peintures de Pierre Marbault. Il n'eut pas de peine à s'entendre avec lui. Le comte offrit douze cents francs. Pierre eût accepté pour la moitié de cette somme. Dès la même semaine, il se mit à l'œuvre.

Amélie, sans le vouloir, vit, par la fenêtre de sa chambre, passer et repasser Pierre. Plutôt vêtu en chasseur qu'en paysan, il avait un certain aspect pittoresque et fier. Il était grand et flexible comme un roseau. Quand il penchait la tête pour rêver, on reconnaissait en lui je ne sais quel caractère poétique. Dès qu'elle l'entrevoyait, madame de Parfondval se rappelait involontairement qu'elle avait lu *Werther*.

On était en octobre; le ciel accordait à la terre les derniers beaux jours de l'année.

— C'est bien étonnant, dit le comte à sa femme, que vous persistiez, par un si doux soleil, à vous enfermer dans votre chambre.

— Vous avez raison, répondit-elle avec émotion, j'oublie que les dernières feuilles vont tomber.

— Après tout, dit-elle quand elle fut seule, le parc est bien assez grand pour que je m'y promène sans crainte de rencontrer Pierre Marbault. Et, d'ailleurs, je pourrais le voir sans danger.

Elle descendit dans le parc. Ce premier jour, elle ne rencontra pas le peintre : elle s'était promenée dans le voisinage du château. Mais quoi de plus faible sous le soleil que le cœur de la femme ? Le lendemain, madame de Parfondval s'aventura un peu plus loin. Bientôt, au détour d'une allée de lilas, elle vit Pierre assis sur l'herbe, la tête appuyée dans les mains, qui semblait rêver ou dormir. Elle voulut retourner sur ses pas en marchant sur la pointe du pied ; mais sous ses pieds les feuilles crièrent. Pierre leva la tête ; et comme, tout en s'éloignant, elle le regardait toujours, elle vit qu'il pleurait comme un enfant. Toutes les neiges amoncelées dans son cœur pour éteindre le souvenir de Pierre fondirent d'un coup.

Elle courut à lui, tout éperdue.

— Pierre, je vous en supplie, je vous ordonne de partir.

Pierre la regarda tristement et lui tendit la main.

— Ah ! madame, je vous remercie ! Vous m'avez appelé Pierre comme il y a deux ans. Ah ! madame ! madame ! continua-t-il en se jetant à genoux, ne voyez-vous pas que je vais mourir à vos pieds !

Il était effrayant ; ses longs cheveux, jetés en désordre, lui tombaient sur les yeux. C'était la douleur dans sa plus touchante et sa plus sauvage expression.

— Pierre, relevez-vous ; c'est de la folie.

— Oui, madame, c'est de la folie. Que voulez-vous !

j'ai compris que, pour la paix de votre cœur, il y avait un homme de trop sur la terre : j'ai voulu mourir. Qu'avais-je à faire ici-bas ? Il y a six mois, j'avais une sœur que j'aimais, qui me parlait de vous ; mais, ne le savez-vous pas ? Éléonore est morte ! Il me reste ma mère, qui est aveugle et presque sourde, qui ne me comprend pas, qui n'attend de m   qu'un peu de pain. Vous voyez quelle est ma vie. Encore si j'avais pu vous oublier, ou plutôt, poursuivit Pierre en levant les yeux avec une tendrese infinie, si j'avais pu vous voir !

Et, comme il vit qu'une expression sévère passait sur la figure de la jeune femme, il s'empressa d'ajouter :

— Ne fût-ce qu'une fois par an !

Et, après un silence :

— Quel mal ferions-nous à Dieu et au monde ? Vous toucher la main, attendre six mois avec délices l'heure de vous voir, s'en souvenir durant six mois : voilà tout ce que je demande au ciel et à vous-même. Si vous voulez m'empêcher de mourir...

— Pierre, je n'ai rien à vous répondre ; et comme je dois compte de ma vie à M. de Parfondval qui est un galant homme, généreux et dévoué, je veux que cette rencontre soit la dernière ; si vous m'aimez, vous ne reviendrez plus au château.

— Songez-y, madame ; si Dieu fermait le ciel à une âme pieuse, il ne serait pas plus cruel que vous. Pour que j'aie la force de vivre un peu plus longtemps, permettez-moi de respirer l'air qui passe pour vous.

La jeune femme avait une seconde fois abandonné sa main à Pierre Marbault.

— Ah ! mon Dieu ! dit-elle en se jetant en arrière, je suis perdue.

Elle avait aperçu M. de Parfondval dans la prairie voisine. Il venait droit vers l'allée de lilas. Elle comprit qu'elle devait rester avec Pierre. Quoique la figure du comte exprimât quelque surprise, il aborda le peintre avec sa mine habituelle, qui était franche et ouverte.

— Eh bien, monsieur Marbault, où en sommes-nous ?

— Monsieur le comte, dit Pierre en allant à la rencontre de M. de Parfondval, je racontais à madame la comtesse, qui avait la bonté de m'écouter, comment j'avais eu le chagrin de perdre ma sœur au printemps dernier. Madame de Parfondval avait daigné maintes fois protéger ma sœur. Elle avait elle-même brodé son voile de communiante. Pauvre enfant ! ce voile qui nous était si cher m'a aidé à l'ensevelir !

IV

Ainsi se passa cette seconde entrevue. La comtesse rentra au château et ne se promena plus pendant six semaines qu'au pied du perron. Seulement, tous les matins, elle allait entendre la messe.

Dans les premiers jours de décembre, le comte fit un petit voyage à Moulins, pour un procès qu'il avait à soutenir contre la commune dont dépendait son château. En son absence, la comtesse, qui voyait Pierre çà et là dans le parc, résolut de ne pas sortir de sa chambre ; mais un matin, par un de ces givres radieux qui égayent si poétiquement les arbres dépouillés, elle passa tout en rêvant dans le vestibule et s'approcha des vitres toutes fleuries par la gelée ; sans y penser, elle ouvrit la porte, descendit les marches du perron et s'éloigna au hasard.

Pierre Marbault était dans le parc. Ayant vu Amélie descendre le perron, il vint à sa rencontre ; quand elle voulut se détourner, il était trop tard. Elle ne fut pas peu surprise de voir qu'il n'était plus ni triste ni défait ; il était pâle encore, mais sous sa pâleur on voyait circuler la séve et la vie. Il lui expliqua qu'il se sentait renaître depuis qu'il lui était permis de vivre, pour ainsi dire, sous ses fenêtres, avec l'espérance de la rencontrer, ou seulement de la voir apparaître à travers les rideaux. Elle ne lui dit pas un mot pour l'encourager, mais elle n'eut pas le courage, il faudrait dire la vertu, de le désespérer encore ; la pauvre Amélie était retombée plus que jamais sous les chaînes de la passion.

Cet amour fatal, qui s'était levé sur sa vie comme un soleil radieux, devait enfin la dévorer. On le croira sans peine : dès ce jour, ce fut elle qui chercha à voir Pierre Marbault.

Pierre avait deux fois recommencé ses quatre tableaux. Il était arrivé par la divination et par la science à un de ces demi-talents qui ont toujours fait le désespoir de l'art. Il cherchait, mais ne trouvait pas.

Une année se passa, Amélie accoucha d'une fille. Cette enfant avait les yeux verts comme Pierre ; on avait un peu parlé dans le pays de la passion déjà ancienne et toujours vivante du fils du maître d'école, le bruit se répandit bientôt, grâce à une servante chassée, que madame de Parfondval n'allait si assidûment à la messe que pour édifier le comte sur sa vertu; que le peintre de Béthisy avait à faire des vues du château qui ne finiraient pas.

Cependant Pierre Marbault acheva son œuvre vers le commencement du second hiver. Le comte le conduisit jusqu'au bout de l'avenue tout en le complimentant.

— Le reverrai-je encore? se demanda madame de Parfondval qui s'était avancée à la rencontre de son mari.

— Madame, lui dit le comte en revenant vers elle, si je ne vous savais affable et d'un bon cœur, je vous ferais un reproche. Que diable! vous n'avez pas trouvé un seul mot aimable à dire à ce brave garçon. Il va dire, là-bas, à Béthisy, que madame la comtesse est devenue fière et dédaigneuse.

Amélie ne sut que répondre à ce reproche; elle jura, le soir, en berçant sa seconde fille, qu'elle oublierait encore Pierre Marbault; mais, huit jours après, elle pria M. de Parfondval de la conduire au cimetière de Béthisy. — Huit jours plus tard, elle voulut aller revoir le château de son père. On avait loué les terres sans les bâtiments.

— Ah! mon Dieu! dit la jeune femme en jouant la surprise, quand la calèche arriva devant le château, j'ai oublié les clefs. Nous reviendrons demain.

— Ma foi! dit le comte, vous reviendrez si cela vous amuse. Moi je n'aime à venir ici que pour chasser.

— Non, non, je ne viendrai pas seule ici, murmura Amélie avec trouble.

L'hiver se passa sans qu'elle revît Pierre; aux premières feuilles, quand le cœur se réveille avec les bois et les prairies, madame de Parfondval ordonna à son cocher d'atteler les chevaux à la calèche pour aller au château de Béthisy.

Elle partit tout effrayée de son audace. Quand la voiture s'arrêta dans la cour de la ferme, elle rassembla toutes ses forces pour ordonner au cocher d'aller de sa part offrir cinq pièces de vingt francs à la veuve du maître d'école. C'était là une aumône bien coupable; car faut-i dire ce qu'elle n'osait s'avouer? Elle espérait que Pierre, s'il se trouvait chez sa mère, comprendrait qu'Amélie n'était pas loin.

Pierre ne comprit que trop bien. Le cocher s'arrêta au cabaret de Béthisy; il buvait encore que déjà Pierre arrivait à la ferme.

Madame de Parfondval comprit combien elle avait été coupable. Le soir, en voyant ses deux petites filles, elle tomba agenouillée et jura qu'elle ne retournerait plus à la ferme.

Elle fut près d'un an sans violer son serment. Dans cet intervalle, elle accoucha d'une troisième fille. Les médecins avertirent le comte qu'il devait s'attendre à perdre la comtesse dans un temps peu éloigné. Elle avait voulu nourrir ses deux premières enfants, elle s'était épuisée à cette lutte maternelle. Elle en était venue à une extrême faiblesse; on craignait même qu'elle ne pût traverser l'hiver. Elle passa les tristes jours de l'année dans sa chambre, au coin du feu, près de ses trois enfants, dont les trois berceaux entouraient son lit. Régine, l'aîné

Béatrix, la cadette, promettaient d'être les plus belles filles du pays. La pauvre mère cherchait à s'aveugler en jouant avec elles. Mais c'était vainement qu'elle voulait fermer les yeux sur la mort qui la touchait déjà, sur Pierre Marbault qu'elle devait aimer jusqu'au dernier jour.

V

Un soir, le comte surprit sa femme tout en larmes.
— Amélie, pourquoi pleurez-vous ?
— Monsieur le comte, pardonnez-moi ces larmes; depuis que je sais que je vais mourir...
— Est-ce qu'on meurt à votre âge, quand on a de si beaux enfants ?
— Je vous les recommande, monsieur le comte, surtout les deux dernières, roseaux nés d'hier, soumis à tous les vents. Vous le savez comme moi, je n'ai plus que peu de jours à vivre.

Le même soir, Amélie écrivit à Pierre Marbault :

« Pierre, je vais mourir; les médecins ne vous l'ont-ils pas dit? Mais ce n'est pas pour moi un grand chagrin, car il y a une chose qui ne meurt pas, Pierre, c'est le cœur. Autrefois, dans nos douces promenades autour de l'étang, vous me parliez de l'immortalité de l'âme : je vous écoutais. Aujourd'hui, j'y crois avec confiance; car, tout en pensant au cimetière où l'on va me coucher dans la nuit sans aurore, je vois déjà poindre vers un autre horizon la lumière éternelle; tout en m'éloignant de vous, je sens que je serai plus près de toi.

» Qui sait? Vous me parliez aussi de la métempsycose; vous me racontiez les sublimes rêveries de Pythagore. Dans mes nuits agitées, vous ne sauriez croire en quelles étranges rêveries se perd mon âme. Mais, après avoir parcouru les mondes sans fin, mon âme se retrouve toujours sans que je songe à la rappeler. Savez-vous où elle se retrouve, Pierre? Dans ce petit verger où le soleil est si doux à son couchant. Quand je serai morte, c'est là que vous irez, c'est là que vous me verrez dans le calice des pervenches et des liserons qui se cachent sous la haie ou qui se montrent sous les sureaux. Mais que vous dis-je là? Vous ne verrez que trop bien, en lisant ce billet, combien ma raison s'égare. Que voulez-vous! la mort, quoi qu'on fasse pour la braver, vous domine et vous donne le vertige. Je ne sais plus ce que je dis. J'avais saisi la plume d'une main toute tremblante pour vous prier... Comment oserai-je écrire?... Mais je n'ai jamais rougi devant vous. Je vous prie donc d'aller à la ferme mardi, ou mercredi si le temps était trop mauvais mardi. J'y serai à midi pour la dernière fois. Peut-être n'ai-je plus huit jours à vivre; mais je serais mourante, que j'aurais encore la force d'aller jusque-là. Avant de partir pour un long voyage, on veut dire adieu à tous ses amis. Comment ne pas vous serrer la main, à vous qui êtes mon seul ami?

» AMÉLIE. »

Mais le comte, averti par une femme de chambre, lut

cette lettre avant Pierre Marbault. Il enferma la tempête
dans son cœur; il envoya la lettre et remit sa vengeance
au mardi indiqué pour le rendez-vous.

— Nous serons trois pour nous dire adieu! dit-il d'une
voix sourde et terrible.

VI

Le mardi, Amélie parla d'aller au cimetière de
Béthisy. Le comte lui donna la main pour monter en
voiture et s'éloigna en disant qu'il partait pour la
chasse.

Il partit pour la chasse.

Pierre Marbault était venu à la rencontre d'Amélie;
dès qu'elle le vit apparaître dans l'avenue, elle fit signe
au cocher d'arrêter, disant qu'elle voulait marcher jusqu'au château.

Elle s'appuya doucement sur le bras de Pierre sans
trouver la force de lui dire un mot. Pierre lui prit la clef
dans les mains et la conduisit dans la petite chambre où
elle l'avait aimé sans angoisses.

Ils étaient là tristes tous les deux; ils semblaient pres-
sentir que la mort était du rendez-vous; Amélie, d'ailleurs, avait déjà la pâleur du tombeau.

— Tenez, Pierre, dit Amélie, c'est vous qui avez
cueilli ces pervenches.

Et elle lui donna un bouquet tout flétri.

A cet instant, le comte de Parfondval survint à pas de

loup dans la chambre voisine, en pressant son fusil sur son cœur.

Pierre prit le bouquet et le porta à ses lèvres sans dire un mot.

— Pierre, Pierre, je vais mourir, reprit Amélie; n'est-ce pas que je suis pâle? Ne dirait-on pas un spectre qui cherche son tombeau? Je n'ai plus que la force de me coucher dans la tombe.

— Je ne vous survivrai pas, dit Pierre.

— Vivez pour penser à moi quand je serai morte. Et puis ces pauvres petites filles, qui est-ce qui les aimera?

On entendit un bruit étrange; Amélie tressaillit et se souleva.

— Avez-vous entendu?

— C'est le bruit du vent dans les portes. Quand vous serez morte, madame, je mourrai. Vous ne savez donc pas que c'était là que je vous attendais?

Amélie était plus pâle encore.

— Pierre, prenez garde à moi, dit-elle d'une voix éteinte, je me sens faible comme si j'allais mourir.

Pierre Marbault s'agenouilla devant elle et la soutint dans ses bras.

— Ami, dit-elle, je suis bien coupable, puisque je voudrais mourir comme je suis là.

Le comte apparut à la porte.

— Le comte! s'écria-t-elle avec terreur.

Et elle tomba évanouie dans les bras de Pierre.

Le comte ne dit pas un mot, il arma son fusil.

— Monsieur, lui dit Pierre, tuez-moi, si vous voulez, mais prenez garde d'atteindre une femme morte.

Le coup partit.

Madame de Parfondval se leva subitement.

— C'est une lâcheté! dit-elle avec exaltation.

Pierre Marbault était tombé sur la dalle, frappé à mort.

— Monsieur le comte, murmura-t-il, je vous remercie de m'avoir tué.

VII

Le comte disparut; il reprit à travers bois le chemin du château, sans s'inquiéter d'Amélie. A son retour à Parfondval, elle n'était point revenue.

Elle revint pourtant, car il lui semblait qu'avant de mourir elle devait demander pardon à Dieu sur le berceau de ses enfants.

Quand elle rentra dans la cour du château, elle vit une berline de voyage qui attendait. Elle prit le courage de monter à la chambre du comte.

— Monsieur, c'est moi qui partirai.

Il ne desserra pas les dents. Régine avait un manteau et se tenait à l'écart.

— Est-ce qu'elle va partir aussi? demanda la mère avec effroi.

— Oui, dit la petite fille avec hauteur, car vous n'êtes plus ma mère.

— Je ne suis plus ta mère!

On emporta Amélie à moitié folle et à moitié morte.

Une demi-heure après, comme le comte allait descendre à tout jamais l'escalier du château, Amélie se représenta devant lui tenant dans ses bras ses deux dernières enfants, pareille à la Madone de ce sublime tableau de *la Charité* d'Andrea del Sarto.

Le comte passa outre en silence. C'était le dernier coup.

Quand arriva le médecin, qui venait tous les soirs, il fut effrayé des ravages du mal.

Comme il avait vu partir la berline.

— Il est bien étonnant, dit-il avec inquiétude, que M. de Parfondval s'éloigne aujourd'hui, car, s'il ne revient que demain, il ne trouvera plus sa femme.

Déjà la malade n'avait plus sa raison. Elle parlait tout à la fois de Régine, de Pierre Marbault, de son mari, de meurtre, de sang, de malédiction. Le médecin n'y comprenait rien. Elle demanda à écrire une lettre ; le médecin lui fit donner du papier, des plumes et un encrier.

Elle écrivit cette lettre qui était le roman de sa vie, et qui devait être le drame de la vie de ses trois filles.

— Ne me quittez pas, lui dit-elle d'un air suppliant. Cette lettre, vous la remettrez vous-même au comte. Descendez dans le parc et revenez avant une heure.

En descendant, le médecin apprit que Pierre Marbault avait été tué d'un coup de fusil par le comte de Parfondval. Il savait d'ancienne date qu'Amélie avait aimé Pierre Marbault, mais il ne pouvait croire qu'elle fût coupable. Il y avait dans la figure de la comtesse une expression de pureté angélique, un accent de pieuse résignation aux

2.

devoirs d'épouse et de mère qui frappait tout le monde.

Quand le médecin remonta à la chambre d'Amélie la pauvre femme écrivait encore.

— Attendez, dit-elle d'un air abattu, voilà que j'ai fini.

Elle parcourut rapidement d'un œil éteint les pages qu'elle venait d'écrire, et, se tournant vers le médecin, elle lui dit :

— Tenez, mon ami, voici ma confession. Vous la lirez, car j'ai confiance en vous ; vous la ferez parvenir au comte de Parfondval, qu'importe le lieu où il soit, car il est parti peut-être pour ne plus revenir. Dans cette lettre j'ai dit toute la vérité ; or il faut qu'il sache toute la vérité. Je remercie Dieu de m'avoir accordé une dernière grâce : la force d'écrire jusqu'au bout.

La comtesse s'assoupit. Sur le soir, elle demanda ses enfants : Béatrix était là ; la nourrice apporta Marguerite.

— Régine ! Régine ! où es-tu, Régine ? s'écria la comtesse.

Amélie retomba et s'assoupit encore. Vers minuit, le médecin, qui sommeillait au coin du feu, fut éveillé par un cri. Il se leva et alla vers la comtesse.

Elle venait de mourir.

— O fille d'Ève ! dit le médecin en regardant Amélie ; celle-là est morte de son péché. Et ses trois filles ?

VIII

UN PARI AUX CHAMPS-ÉLYSÉES.

Qui d'entre nous n'a connu, dans ces dernières années, Maurice d'Orbessac? Pour les uns, c'était un enfant prodigue; pour les autres, c'était un aventurier; mais tout le monde s'accordait pour vanter ses paradoxes, ses belles manières et son esprit enthousiaste. Il donnait le pas à toute la jeunesse dorée; c'était à qui l'imiterait parmi ses amis d'un jour; mais imite-t-on l'esprit et la grâce? C'était le plus beau fumeur de son temps à pied et à cheval. Je crois le voir encore, à la porte de Tortoni, s'amusant à jeter l'effroi parmi les joueurs à la hausse. Il avait l'art de persuader, au point que, bien qu'il sortît de chez lui ou plutôt de la chambre à coucher de sa dernière maîtresse, on le croyait sur parole quand il annonçait ce qui s'était dit au dernier conseil tenu chez M. de Metternich, aux Tuileries ou à Windsor. Mais c'est surtout dans les Champs-Élysées qu'il m'apparaît encore chevauchant et fumant avec la grâce d'un Oriental. Toutes les femmes qui le voyaient tourbillonner dans l'avenue disaient à leurs maris ou à leurs amants :

— Voyez donc quel beau cheval !

On n'a point oublié sa belle figure, si profondément intelligente, bien qu'il masquât souvent sa pensée par un air d'insouciante gaieté. Il avait frappé les peintres et surtout les sculpteurs pour la fermeté des lignes. Pradier, dans le buste qu'il nous a laissé de Maurice d'Orbessac, a merveilleusement rendu les contours exquis de ce profil franco-grec qui rappelait vaguement la poésie d'André Chénier. Depuis la Madeleine jusqu'à l'Opéra, cette figure était souvent citée au grand dépit des amoureux. Il arrivait même que les beautés bruyantes de ces parages répétaient à quelques vieux adorateurs ce mot d'une comédienne :

— Ah ! si vous veniez me voir avec la figure de M. d'Orbessac !

Maurice n'était pas seulement renommé pour sa figure et son esprit ; il l'était encore par ses prodigalités. Les roués de la régence, les seuls qui aient compris royalement la vie galante, n'étaient pas plus grands seigneurs que Maurice. Un soir qu'il soupait tristement en folle et joyeuse compagnie, un de ses amis, prononçant son oraison funèbre pour le rappeler à la gaieté, débuta ainsi :

« *Ci-gît Maurice. Nul n'était meilleur cavalier, ni meilleur chevalier; nul ne savait mieux dompter les chevaux et les femmes.* »

Un soir d'avril, il était allé s'asseoir avec trois de ses amis dans les Champs-Élysées pour assister au spectacle varié de cette promenade, où tout le beau Paris étale son luxe et son ennui.

Il s'écria entre deux cigares :

— Nous vivons dans un temps misérable ; quand on pense qu'il n'est pas un de nous qui soit capable de prendre une femme d'assaut !

— Et d'abord, lui répondit un de ses camarades en voyant passer le coupé d'une courtisane, parmi toutes ces femmes qui passent, en est-il une seule digne en tout point de nous faire courir *dans la poussière de son char* ?

— Voilà bien, reprit Maurice, des discours d'hommes timorés qui s'imaginent toujours qu'aux moindres de leurs actions le monde va crouler sur eux ! Pour moi, je vous réponds que déjà, depuis cinq minutes que nous sommes assis au pied de cet arbre, j'ai vu passer plus de jolies femmes qu'il n'en faut pour assouvir deux cents cœurs comme les vôtres.

— Je reconnais bien là tes façons de parler, dit un des quatre en faisant siffler sa cravache : tu ris des dangers de la guerre, sauf à ne jamais voir le feu.

— Moi? que dites-vous là? « On connaît ma valeur, » comme chante Roger.

— Quelle jactance ! dirent à la fois les trois amis de Maurice.

— Écoutez, messieurs, dit le jeune homme d'un air déterminé, je gage cent louis que, tout à l'heure, dans un instant, dès que je verrai passer une femme seule dans une calèche, — une vraie femme, — ni courtisane, ni bégueule, — une vertu à trente-six carats, je m'élance à côté d'elle et lui baise la main de son plein gré avant d'arriver à l'arc de triomphe.

— Je tiens la gageure, dit un des amis, car je sais que tu nous diras toute la vérité.

— Songes-y bien, reprit Maurice, c'est cent louis.

— J'y ai songé. C'est après tout une partie de lansquenet, et je m'étonne que les joueurs effrénés de cet hiver n'aient pas trouvé un moyen plus pittoresque de perdre leur argent. Je te jure, mon cher Maurice, que je ne me plaindrai point du sort si tu gagnes les cent louis; je te jure aussi que, dans cette partie de lansquenet, je ne demanderai point à voir le dessous des cartes. Maintenant il faut choisir une jolie calèche, une jolie femme et une jolie main.

— Pour moi, dit un des gais compagnons, j'avoue que je me méfie un peu des femmes qui sont seules dans une voiture.

— Tu ne sais pas ce que tu dis. Elles sont seules par un surcroît de coquetterie; elles savent très-bien que la place auprès d'elles n'étant pas occupée, chacun viendra s'y placer en imagination.

A cet instant, Maurice remarqua une très-élégante calèche du meilleur style, où semblait rêver une belle femme à demi voilée par le saule ondoyant de son chapeau. Cette femme avait des airs de sultane couchée. Maurice se leva vivement.

— Messieurs, j'espère que le roman va commencer. Attendez-moi là.

Il s'avança au-devant du cocher, sans doute pour lui dire d'arrêter; mais, par un hasard assez heureux, un tilbury, qui traversait, força le cocher de la calèche à retenir ses chevaux impatients.

Maurice ne perdit pas une seconde; il avait la legèreté du daim, il s'élança dans la calèche comme un coup de vent.

Il salua la dame de l'air du monde le plus respectueux.

C'était une comtesse, une des étoiles du faubourg Saint-Honoré.

Comme le soleil était ardent, madame de Fargiel, un peu éblouie, cherchait à reconnaître ce hardi visiteur. Maurice avait, en passant, jeté un coup d'œil sur les armoiries.

— *Madame la comtesse,* dit-il en s'asseyant vis-à-vis d'elle, vous cherchez à savoir d'où je viens, qui je suis et où je vais ? Daignez m'entendre un peu.

— Mais, monsieur, je ne vous connais pas; une pareille audace...

— Ah! madame, quand vous saurez pourquoi je suis venu.

— Monsieur, descendez à l'instant, ou j'ordonne à mes gens...

— Mon Dieu! madame, monter, passe encore; mais descendre! Pensez donc quel danger je courrais.

— Que m'importe, monsieur ?... André, je vous ordonne...

— Remarquez, madame, qu'il y a deux ou trois cents regards attachés sur nous. Jugez du scandale si vous me faites descendre de force, car je vous jure que je ne descendrai pas de bonne volonté...

En disant ces mots, Maurice avait l'air de regarder la dame avec admiration et avec amour.

Elle ne put s'empêcher de remarquer que son audacieux

et fortuit compagnon de promenade avait la main fine, l'air spirituel et distingué, les dents très-blanches sous des moustaches brunes. La curiosité de la comtesse vint donc au secours de Maurice.

A cet instant, un très-joli landau, qui avait l'air d'une corbeille de fleurs, tant les femmes qui s'y trouvaient étaient fraîches, jolies, parées avec éclat, passa à côté de la calèche ; une voix claire attira les regards de Maurice. Il salua les femmes du landau avec une grâce parfaite. On lui rendit son salut avec un sourire aimable et presque familier. La comtesse, qui avait tout observé, devint de plus en plus curieuse. Dès cet instant elle ne songea plus à faire descendre de force le mystérieux personnage.

— Enfin, monsieur, expliquez-vous...

— Madame, je ne vous dirai pas que je me suis trompé de porte, comme cela arrive quelquefois dans les comédies. J'ai l'honneur d'être près de vous, parce que j'ai voulu être près de vous. Un esprit vulgaire ne manquerait pas de vous dire, pour s'excuser, qu'il croyait vous connaître, qu'il vous avait vue dans quelque endroit où il ne va jamais, comme aux eaux, aux courses, aux Italiens, aux bals des ambassades ; moi, je ne vous ai vue nulle part ; mais j'ai voulu vous voir ; comme peut-être j'eusse été très-longtemps sans vous rencontrer, j'ai pris tout simplement le chemin de traverse, habitué que je suis d'ailleurs aux dangers du steeple-chase.

— Savez-vous, monsieur, que tout ce que vous me dites là est fort impertinent ? Mais ici autant en emporte le vent, car je ne vous écoute pas.

— Je suis désolé, madame, d'être venu si mal à propos. Si vous l'ordonnez, je vais me précipiter hors de votre voiture; mais, je vous le répète, prenez-y garde : il y aura à peu près le même scandale que si je me précipitais par la fenêtre de votre hôtel, car vous comprenez bien que je n'attendrai pas que votre cocher vienne ouvrir la portière et baisser le marchepied.

— Je ne suis pas responsable des folies d'un extravagant ; il arrivera ce qu'il plaira au ciel. Mais, d'ailleurs, dans quelques minutes nous serons au Bois ; là, vous pourrez descendre tout à votre aise sans vous compromettre, car, de nous deux, il n'y aura de compromis que vous-même.

Jusque-là, la comtesse s'était masquée, pour ainsi dire, avec une ombrelle grande comme un éventail. En prononçant ces derniers mots, elle baissa son ombrelle et regarda Maurice avec un léger sourire.

— Ah ! mon Dieu ! madame, dit-il avec une émotion vraie ou très-bien jouée.

— Monsieur, je vous comprends de moins en moins.

— Madame, dit Maurice d'une voix affaiblie, jusqu'ici je n'étais parvenu qu'à vous entrevoir ; quand votre ombrelle est tombée sur vos genoux, j'ai été surpris par trop d'éclat, mon cœur a battu plus vivement. Tout à l'heure, c'était de la folie, je l'avoue ; maintenant je sens trop que c'est de la passion ; l'amour va de surprise en surprise : on veut se jouer de lui, mais c'est toujours lui qui se joue de nous. Platon avait bien raison de dire que...

— De grâce, monsieur, laissons Platon dans ses discours ; je ne veux pas savoir son avis.

— Songez, madame la comtesse...

— Qui vous a dit mon nom?

— Vos armoiries m'ont dit votre titre, je ne cherche pas à savoir votre nom. Daignez vous figurer que nous sommes au bal de l'Opéra.

— Est-ce que je vais au bal de l'Opéra?

— Au bal d'il y a cent cinquante ans, quand le régent y conduisait les duchesses. — Je continue donc : figurez-vous que vous vous ennuyez un peu de trop de bonheur. Le bonheur est comme la vertu, pas trop n'en faut. Je vous vois passer; malgré votre masque, je vous trouve belle. Comment ne pas le deviner, rien qu'à votre manière d'incliner le cou? Je vous aborde, j'ai un peu d'esprit, vous en avez beaucoup. C'est toute une aventure. Nous sommes-nous déjà vus? — Si c'était la comtesse de B.? — Si c'était la marquise de K.? — Nous nous perdons dans l'énigme ; ce qu'il y a de certain, c'est que je vous trouve charmante et que vous ne me trouvez pas ennuyeux. Nous parlons de tout, hormis de nous-mêmes, mais nous ne pensons qu'à notre cœur, qui s'inquiète un peu. Certes, si Dieu sourit et pardonne, c'est lorsque deux cœurs se rencontrent ainsi pour une heure ; deux cœurs qu'un pareil rêve agite, qu'un même rayon enflamme. C'est l'ombre du bonheur qui passe. Pardonnez-moi, madame la comtesse, — nous sommes toujours au bal de l'Opéra.

— M. le comte promet à cette heure à quelque Camargo de se ruiner pour elle. La foule est si bruyante et si touffue, que j'ai le droit de me croire seul avec vous comme au milieu des forêts vierges...

La comtesse semblait rêver avec distraction, elle penchait la tête et soupirait. Cependant Maurice voyait l'arc de triomphe.

— Ainsi, madame, nous sommes sous le masque. Dans une heure, nous nous quitterons pour ne jamais nous revoir. Jamais, c'est bien long ; mais la vie est ainsi faite : les roses ne durent qu'un jour. Cette main, digne de Dieu et de Phidias...

Maurice avait saisi la main de la comtesse, qui le regarda d'un air surpris et sévère, mais qui ne fit qu'un trop léger mouvement pour qu'il abandonnât la main digne de Dieu, de Phidias et sans doute de M. Maurice d'Orbessac.

— Si j'étais éloquent, madame, je ferais des phrases éblouissantes sur votre beauté, si noble, si fière, si délicate et si gracieuse ; mais, comme le dit Bacon, la vraie éloquence se moque de l'éloquence. Pourquoi ne pas dire tout simplement comme si le cœur pouvait parler : Vous êtes belle et je vous aime... Pardonnez-moi, madame, je parle à votre main...

Disant ce mot, Maurice inclina la tête, leva la main de la comtesse et l'effleura d'une lèvre brûlante. Tout cela se fit si naturellement, l'ombrelle masqua si à propos la figure de Maurice, que nul, parmi les promeneurs les plus indiscrets, ne s'aperçut de cet incident.

— En vérité, monsieur, je ne sais comment cela finira. Vous devriez comprendre...

— Je ne comprends que trop, madame. C'est une hardiesse dont je me repens avec angoisse. Que voulez-vous ! entre votre bracelet et votre gant, il y avait une place pour mes lèvres.

La comtesse eut l'air d'être distraite par une amazone qui chevauchait leste et fringante. La calèche avait dépassé l'arc de triomphe, les chevaux hennissaient déjà à l'odeur printanière du Bois. Maurice était radieux, non pas seulement parce qu'il avait gagné son pari, mais parce qu'il venait de prouver encore une fois qu'il était destiné aux passions aventureuses. Il n'avait pas eu le temps, depuis qu'il se trouvait dans la calèche, de se demander s'il aimerait la comtesse. Pour les chercheurs d'aventures, ce n'est pas là un point capital. En homme d'esprit, il n'avait garde de rêver et de se taire ; il parlait sans cesse, ne voulant pas que la comtesse eût le loisir de penser librement. Il enviait, disait-il, le sort des poëtes, qui avaient le droit, grâce à la rime, de chanter de beaux cheveux touffus comme ceux qu'il admirait ; il enviait les peintres qui pouvaient reproduire, avec un pinceau amoureux, ces regards humides, si fiers et si doux, qui tombaient sur lui comme la foudre ou comme un rayon du ciel.

— Mais, poursuivit-il avec feu, bien plus heureux est celui qui n'a que le droit de vous aimer !

— C'est un droit que j'accorde à tout le monde, dit la comtesse d'un air moqueur, à condition que personne ne m'en dira rien. Ainsi donc, dans un instant, nous allons nous perdre de vue, sans doute pour ne plus nous revoir ; alors, qui vous empêchera de m'aimer ?

— Mais qui m'empêchera de vous voir ?

— Jamais ! dit la comtesse d'un ton impérieux.

— Mais de loin, comme on voit une étoile qui ne pense pas à nous.

La comtesse passa son ombrelle sur sa figure.

— Nous voilà au Bois ; adieu, monsieur.

— Déjà !

— Vous prenez donc votre folie au sérieux ! A quoi bon ? Pour qu'elle perde son charme, s'il y en a. Écoutez-moi : j'ai un peu la philosophie du cœur. Quand vous traversez rapidement une forêt, il vous vient sous la fraîche ramée une bouffée d'aromes qui vous va au cœur. Vous ne vous arrêtez pas ; ce n'est qu'un peu plus loin, en dépassant la forêt, que vous respirez, par le souvenir, tout le charme de ce parfum. Il vous arrive çà et là d'entendre au milieu de toutes les musiques qui vous ennuient une note mélodieuse, un accent tout divin, un écho de la musique des anges. Comme le parfum de la forêt, cette note vous va droit au cœur ; une larme de joie passe dans vos yeux ; si vous osiez, vous ouvririez les bras pour vous envoler ou pour étreindre je ne sais quelle fée inconnue ; mais c'est surtout dans les jours qui suivent que vous entendez, dans votre cœur, cette note plus ravissante encore. L'amour, c'est le parfum de la forêt, c'est la note mélodieuse, un rayon qui passe, un horizon qui vous attire, une fleur, flétrie, mais toujours embaumée. C'est un souvenir plus triste que doux, mais dont la tristesse même est d'un attrait infini. Ne cherchez pas dans l'amour ce qu'il ne peut donner. Croyez-en une femme qui compte vingt-quatre printemps ; aimez au passage, et ne cherchez jamais à revenir sur vos pas ; ayez des souvenirs et non des regrets. Adieu donc, et ne nous revoyons jamais.

La comtesse prononça ces derniers mots avec un peu

d'émotion ; elle tendit la main à Maurice et dit au cocher d'arrêter.

Le jeune homme saisit la main, et cette fois y appuya ses lèvres avec passion.

Un laquais vint ouvrir la portière et demander le chemin qu'il fallait prendre.

— Je ne sais pas, dit la comtesse, allez toujours.

Maurice avait sauté sur l'herbe, s'était retourné, et regardait la comtesse d'un air suppliant et résigné.

— Adieu, monsieur, reprit la dame avec un regard d'ange et de démon ; si vous voyez aujourd'hui notre chère duchesse, dites-lui bien que je l'aime avec fureur.

Maurice entendit à peine ces derniers mots.

— Que veut-elle dire ? Je ne connais pas l'ombre d'une duchesse. Mais la comtesse n'a parlé ainsi que pour cacher sa folle équipée aux yeux de ses gens.

La calèche disparut sous les branches.

— Qu'importe ! dit Maurice, je la reverrai. Cette femme vient sans doute ici tous les jours ; et, ne fût-ce que par curiosité, elle reviendra. D'ailleurs, j'ai gagné mon pari ; à ne considérer que ceci dans l'aventure, c'est déjà quelque chose. Mais, en vérité, je n'ai jamais fait un si beau chemin en cinq minutes.

Il retourna vers ses camarades de l'air du monde le plus triomphant.

Tout préoccupé qu'il fût des dangers de sa position, en se plaçant dans la calèche, il avait remarqué que l'un de ses amis s'était fort rapproché de la voiture et avait eu le temps d'en reconnaître les gens et les armoiries.

— Que vais-je leur dire ? se demandait-il en redescendant vers le rond-point. Ils pourraient la reconnaître. Je ne suis pas, quoi qu'elle en ait dit, au dernier mot de mon aventure ; irais-je tout gâter pour un instant de triomphe devant eux ? Ne vaut-il pas mieux aller un peu plus loin dans cette bonne fortune ?

Il rencontra ses amis impatients.

— Eh bien ? lui demanda l'un d'eux.

— Eh bien, répondit-il d'une voix lente en pensant à la comtesse, j'ai perdu mon pari.

— Qui sait, se disait-il en se rappelant les beaux yeux de la comtesse, qui sait si elle me saura gré de perdre ainsi mes cent louis ?

II

LE COUVENT DES CARMÉLITES

Le lendemain, Maurice d'Orbessac avait un rendez-vous avec une femme pieuse du faubourg Saint-Germain, à la petite église des Carmes de la rue de Vaugirard.

Il arrêta son américaine devant la porte du Luxembourg. C'était vers le soir, à l'heure où les églises, déjà désertes, ont un aspect funèbre. Maurice jeta son cigare et entra dans la cour des Carmes comme s il eût franchi le seuil du foyer de l'Opéra.

Cependant ce ne fut pas sans une certaine impression religieuse qu'il pénétra dans cette petite église, célèbre par les massacres de 1792. Il s avança jusque devant l'autel sans rencontrer personne. Comme il allait revenir sur ses pas, il entendit un bruit confus, un sourd gémissement, une voix qui priait.

Il regarda autour de lui, il n'aperçut personne; et, cependant, la voix devenait de plus en plus distincte. Il finit par découvrir une grille noire, scellée dans le mur à côté de l'autel. Mais, dès qu'il s'en approcha, la voix qu'il entendait s'éteignit comme le bruit du vent.

Il se rappela vaguement que le couvent des Carmélites était voisin. Il y avait donc derrière cette grille une carmélite qui priait. Il voulut la voir ; mais la tombe n'est pas plus obscure que le lieu où l'on priait. Il pensa d'abord qu'un voile noir était étendu, suivant la coutume, entre deux grilles, afin que ces pauvres amantes du Seigneur fussent séparées des vivants, comme le sont les morts par le marbre du tombeau. Mais peu à peu il distingua une forme, vague d'abord, plus précise bientôt : le profil d'une femme agenouillée.

Jamais la prière n'avait courbé une femme avec tant de grâce. Elle semblait perdue dans ce monde ineffable dont le Seigneur permet l'entrée aux vierges d'ici-bas qui mettent leur gloire à porter sa couronne d'épines.

Tout un roman confus se déroula subitement dans l'imagination de Maurice. Il avait pu distinguer que la femme qui priait était jeune et triste : elle devait être belle.

Bientôt elle fit le signe de la croix, se leva lentement, s'inclina devant l'autel sans remarquer Maurice, et disparut dans l'ombre. Maurice avait oublié son rendez-vous ; il ne devait d'ailleurs revoir qu'une ancienne maîtresse qu'il n'avait jamais beaucoup aimée, une de ces mille passions du monde qui naissent et meurent par la vanité. Il sortit de l'église presque décidé à poursuivre la carmélite dans les profondeurs du couvent.

Il revint dans la cour ; ses yeux s'arrêtèrent sur deux petites portes contiguës, très-artistement encadrées de vignes, comme le sont celles des cabaretiers de village.

3.

Sur l'une de ces portes, Maurice lut : *Sainte Thérèse*, sur l'autre : *Sainte Madeleine*.

Une ardente curiosité avait saisi Maurice.

Il faut, dit-il résolûment, que j'entre au parloir, et que je sache comment vivent dans la mort ces pâles amantes du Seigneur.

Ayant levé les yeux entre l'église et les ceps de vigne, il vit sur une porte entr'ouverte une Vierge avec une auréole d'étoiles d'or; sur cette porte était écrit : SANCTA CARMELI.

A tout hasard, Maurice franchit le seuil de cette porte ; mais, au bout d'un sombre corridor voûté, il fut arrêté par une tour en pierre qui sembla lui dire : Tu n'iras pas plus loin.

Déjà il avait respiré l'odeur austère et sépulcrale du couvent. Il retourna sur ses pas, songeant à pénétrer plus avant par les petites portes qu'il avait déjà remarquées. Comme il rentrait dans la cour, il craignit d'être arrêté par le concierge qui montait les degrés de l'église. Il pensa d'abord à s'adresser à cet homme, mais il réfléchit qu'il avait toujours le temps d'en venir là.

Dès que le concierge fut entré dans l'église, Maurice s'avança droit aux petites portes et les secoua violemment; il ne fut pas peu surpris quand l'une des deux céda sous sa main : il entra à la hâte comme un voleur, referma la porte sur lui, et marcha à l'aventure.

Il se trouvait dans un parloir. A peine eut-il fait cinq ou six pas, qu'un obstacle se présenta; c'était encore une grille, car les couvents sont meublés de grilles; celle-ci lui sembla ne pas devoir résister beaucoup; en effet, il en fit justice à coups de pied.

Quoiqu'il fût brave et aventureux, toujours sans peur et non point sans reproche, quand il se fut fait un passage, il écouta avec une certaine appréhension.

On l'a déjà dit, c'était le soir, tout prenait une teinte funèbre; il s'imaginait qu'il allait voir apparaître quelque supérieure outragée qui pousserait des cris de terreur.

Il n'entendit rien que les battements de son cœur; il s'avança plus loin.

Il se trouva tout à coup dans le petit cloître, c'est-à-dire dans une petite cour des plus désolées, entourée d'un corridor à arcades, humide et glacé, où jamais le soleil n'était descendu. Pas une fleur, pas une touffe d'herbe, pas une plante grimpante n'égayait cette cour et ces murs. En levant les yeux, Maurice distingua sept ou huit petites fenêtres irrégulièrement percées, de l'aspect le plus lugubre. Il passa rapidement dans le grand cloître; cette fois, la nature se montrait un peu : quelques arbustes rabougris, des lilas et des sureaux qui n'ont jamais dû fleurir, une herbe haute comme celle des cimetières, qui n'a jamais dû exhaler l'odeur du printemps; voilà ce que Maurice vit dans la grande cour.

— Enfin, dit-il, cette cour est moins désolée que la première, les religieuses qui ont là leurs fenêtres ne sont pas si exilées que les autres.

Mais, comme il disait ces mots, il aperçut sur la muraille nue une grande croix, grossièrement peinte, entourée de draperies sanglantes.

Il eut un mouvement d'effroi.

— Quelle est donc, se demanda-t-il, l'abbesse assez aveugle pour infliger à ses sœurs un pareil tableau?

Il traversa un petit jardin très-primitif, assez semblable à celui d'un curé de campagne. Entre quelques tilleuls sans séve et sans force s'étendaient çà et là quelques ceps de vigne qui ne prenaient jamais, au soleil de septembre, des teintes d'or et de pourpre.

Au bout du jardin, Maurice s'arrêta dans une petite grotte, où il découvrit deux tombeaux sans épitaphe. En effet, à quoi bon laisser son nom quand on a passé sur la terre sans y avoir vécu?

Entre ces deux tombeaux, sur un humble piédestal, était un buste en pierre. Maurice reconnut madame Louise de France, sœur de Louis XV, représentée sous le voile et l'habit des carmélites.

Il s'étonnait, non pas sans quelque raison, de n'avoir vu jusque-là que des images de mort ; il regarda aux fenêtres, il écouta : aucun bruit, aucune figure ne vint l'avertir qu'il y avait là des êtres vivants. Il se décida à retourner sur ses pas et à monter dans l'intérieur du couvent. Il s'arrêta au premier étage, de plus en plus surpris du silence de mort qui l'environnait ; il ne savait trop s'il devait monter plus haut. Il suivit le corridor tout en se demandant ce qu'il allait dire à la première carmélite qu'il rencontrerait.

Une porte entr'ouverte lui donna l'idée de passer par cette porte : il se trouva dans une cellule. Or voici ce qu'il vit dans une cellule du XIXe siècle : une pièce de sept à huit pieds, éclairée par une petite fenêtre grillée au dehors et couverte d'un voile noir au dedans. Le lit se composait de quatre planches, d'un peu de paille et d'une couverture de laine ; or, le lit formait tout l'ameublement.

Cependant, il ne faut pas oublier que la cellule avait pour ornement un christ en buis et un bénitier en étain, des chapelets, des scapulaires et des disciplines ; car, pour ces saintes filles, ce n'est point toujours assez du cilice pour vaincre les rébellions de la chair.

Comme Maurice distinguait à peine les murs jaunâtres de cette cellule, il arracha avec une sainte colère le voile noir qui la fermait au soleil ; il s'imaginait qu'au moins cette fenêtre était comme une échappée souriante sur le ciel, sur les arbres, sur les toits de la grande ville ; mais il n'aperçut que la draperie sanglante de la croix peinte sur la muraille du cloître.

— O mon Dieu ! murmura Maurice en tombant à genoux, vous qui avez fait la lumière, le ciel et le soleil, la verdure et les fleurs ; vous qui avez permis à nos cœurs d'aimer les merveilles sorties de vos mains, avez-vous donc permis de pareilles expiations ?

» C'est cela, dit Maurice, quand ce moment d'exaltation fut passé, je vais tomber dans la théologie. Après tout, pour la poésie de notre siècle, il ne faut pas supprimer ces prisons sans issue, qui sont, pour ainsi dire, la préface de la mort.

Il s'était remis à marcher dans le corridor, de plus en plus obscurci : il supposait que toutes les carmélites étaient réunies dans le chœur pour la prière du soir. Comme il jugeait que le chœur ne devait pas être loin, il s'avançait silencieusement, espérant pouvoir assister, sans les distraire, à ce pieux exercice. Mais, à l'angle du corridor, il se trouva tout à coup devant une carmélite.

Elle portait le costume de son ordre dans toute sa rigoureuse tristesse. Dès qu'elle aperçut Maurice, elle baissa son voile, et fit deux pas en arrière.

— Madame, dit Maurice avec respect, pardonnez-moi d'être venu ici.

La religieuse ne répondit pas.

— N'est-il pas permis, reprit Maurice, n'est-il pas permis au cœur qui souffre de pénétrer là où l'amour de Dieu inspire de si grands sacrifices ?

— Monsieur, dit la religieuse d'une voix faible, en s'avançant pour passer, vous pouvez continuer votre pèlerinage.

— Madame, permettez-moi de vous arrêter un moment ; je suis presque égaré ici, je ne comprends rien à ce silence et à ce sommeil ; on m'avait dit que les carmélites étaient toujours en grand nombre.

— C'est vrai, monsieur ; mais, depuis ce matin, le couvent n'est plus habité.

— Daignez m'expliquer, madame, ce que sont devenues vos compagnes.

— Les carmélites ont bâti un autre couvent un peu plus loin, dans la même rue. Aujourd'hui, pour la première fois depuis bien des années, elles ont quitté cette maison.

— Mais vous, madame ?

— Ah ! moi, monsieur, les portes ne sont pas encore éternellement fermées sur moi ; vous savez peut-être que, après un noviciat de quatre ans, on est forcée de retourner dans le monde avant de prononcer ses vœux.

— Vous n'abusez pas de la liberté, dit Maurice avec un léger sourire ; si vous passez votre noviciat, madame, en de pareilles distractions, vous n'avez rien à craindre des dangers du monde.

— Aujourd'hui, monsieur, je ne suis entrée que pour dire adieu à ces tristes murs, hospitaliers pourtant.

La religieuse qui, jusque-là, cherchait à s'en aller, eut un tressaillement subit ; elle avait osé regarder Maurice, peut-être l'avait-elle reconnu. Elle s'appuya contre la porte d'une cellule.

— Qui sait, d'ailleurs ? reprit-elle avec un peu d'embarras ; peut-être ne suis-je venue ici que pour apprendre à aimer le monde.

Elle se mordit les lèvres, toute repentante d'avoir dit ces mots. Maurice, enchanté de les avoir entendus, parce qu'il espérait que la religieuse irait plus loin dans ses aveux, se rapprocha d'elle d'un air fraternel.

— Vous avez raison, madame : vu d'ici, le monde prend des perspectives plus attrayantes ; pour moi, je vous l'avoue, bien que je sois philosophe et que j'aime la retraite, si je passais un jour et une nuit dans quelqu'une de ces lamentables cellules, je rouvrirais joyeusement mes bras à Satan, à ses pompes et à ses œuvres. En vérité, n'est-ce point assez de passer une fois par le tombeau ? Il faut que le monde soit bien cruel aux cœurs qui viennent battre ici ?

La religieuse garda le silence.

— Cependant, continua Maurice, je comprends jusqu'à un certain point qu'on vienne ici ; celles qui, par exemple, comme Madeleine, ont à se faire beaucoup pardonner après avoir beaucoup aimé.

La religieuse ne disait pas un seul mot ; Maurice la regardait, tout impatienté de ne pas voir se lever son voile.

— Mais vous, madame, qui êtes jeune et belle, vous qui n'avez jamais aventuré votre cœur dans les joies de ce monde, pourquoi voulez-vous commencer là où les autres finissent?

Maurice remarqua le trouble et l'agitation de la novice.

— Pourquoi? pourquoi? Dieu le sait, Dieu seul le saura. Vous me parlez des joies du monde, et les joies du monde, monsieur, ne sont pas faites pour toutes celles qui vivent et meurent sous le soleil.

— Allons, pensa Maurice, je me suis trompé; cette religieuse, que je me figurais jeune et belle, est sans doute quelque vieille fille sans figure et sans dot.

Pendant que Maurice se parlait ainsi à lui-même, la religieuse murmurait.

— Il a dit que j'étais jeune et belle; serait-ce un grand crime de lui prouver qu'il avait raison? Pourquoi ne lèverais-je pas un peu mon voile? Ah! oui, reprit-elle, il faut que le monde soit bien désert, pour qu'on vienne s'exiler; ici il serait si doux cependant d'aimer et de prier Dieu en toute liberté d'âme et d'esprit! Vous le dirai-je? nulle plus que moi n'a été repoussée du monde; j'ai toujours vécu avec un secret penchant pour le mysticisme. Eh bien, je ne sais pas encore si j'aurai la force de prononcer mes vœux. Voyez, du reste, dans quelle sombre prison vous êtes entré.

Elle marcha en avant, Maurice la suivit sans dire un mot. Décidément, il pensait que le voile de la religieuse cachait quelque horrible figure qui n'avait pu toucher un seul homme.

— Si elle avait le moindre attrait, se montrerait-elle d'un abord aussi facile? Sans doute, elle n'a séduit personne jusqu'ici, et, malgré toute ma compassion pour les cœurs qui souffrent ou qui attendent, je ne l'aimerai pas même par charité.

Il la suivit pas à pas, de plus en plus surpris de ce qui lui arrivait dans ce couvent abandonné.

Elle le fit entrer dans le chœur.

— Voyez, lui dit-elle en levant son voile sans avoir l'air de penser à ce qu'elle faisait, bien que, depuis qu'il lui avait parlé de sa jeunesse et de sa beauté, elle n'eût songé qu'au moyen de le lever naturellement; voyez, nous venions ici à cinq heures du matin; à minuit il fallait encore y prier. Voyez ces treize tableaux qui sont les treize stations de Notre-Seigneur : deux fois par jour, nous faisions ce que Notre-Seigneur n'a fait qu'une fois en sa vie. Voyez ces cinq taches blanches sur le parquet, ce sont les cinq plaies de Jésus-Christ, ce sont d'autres stations où l'on prie avec un accent encore plus funèbre.

Maurice ne regardait ni les stations ni les plaies de Notre-Seigneur; depuis que la religieuse avait levé son voile, il n'avait pas détaché ses yeux de la plus douce figure qui fût entrée aux carmélites depuis mademoiselle de la Vallière.

— Madame, permettez-moi de vous dire que Dieu ne vous a pas créée si belle et si charmante pour vous enfermer dans un cloître.

La religieuse rougit et détourna la tête. Ils étaient redescendus dans le corridor. A cet instant, le concierge demanda si sœur Marguerite était descendue.

— Me voici, dit la religieuse en faisant un signe d'adieu à Maurice.

— Madame, lui dit-il en s'inclinant, je veux revenir étudier ici, mais je n'ose dire que j'espère vous y rencontrer encore.

— Monsieur Maurice d'Orbessac, j'espère vous rencontrer ailleurs, dit-elle en descendant l'escalier avec une légèreté fabuleuse.

— Elle sait mon nom! C'est bien singulier.

Maurice voulait la suivre; mais, arrivé au rez-de-chaussée, elle disparut dans les tours obscures du grand cloître. Il s'y égara durant quelques minutes. Quand il retrouva la porte, le portier lui dit que mademoiselle de Béthisy ou sœur Marguerite était déjà plus loin que Saint-Sulpice.

III

LA COMÉDIENNE

Peu de jours après ces deux expéditions de Maurice d'Orbessac, il y avait chasse à courre dans la forêt de Chantilly. Quoique le temps fût très-incertain, un assez grand nombre de Parisiens, curieux de ces spectacles qui, seuls entre tous, rappellent encore les belles époques de la royauté et de la chevalerie, entouraient les étangs de Commelles.

Maurice d'Orbessac était là, comme il était partout chaque fois que le spectacle ou les spectateurs promettaient à son esprit ou à son cœur quelque charmante distraction. Tout le monde admirait sa bonne grâce à monter son cheval, un arabe de la plus pure origine, qui prenait en pitié les locomotives de Versailles et de Saint-Germain.

Ce jour-là, les chasseurs se firent attendre : le cerf était prêt pour le sacrifice; on entendait déjà le son du cor et le cri sauvage des chiens; mais les hôtes du pavillon de la Reine-Blanche venaient à peine d'arriver.

Pour une heure, cette silencieuse et poétique retraite, perdue dans les eaux et dans les feuilles, allait revivre par le bruit, l'éclat et la joie.

A chaque instant, on voyait déboucher quelque élégante voiture. Tout à coup la foule se retourna pour voir arriver une calèche découverte, traînée par quatre chevaux d'une fierté toute royale.

Cette calèche était d'un luxe jusque-là inconnu. Elle ne pouvait appartenir qu'à une impératrice de Russie ou à une reine de théâtre.

Cette calèche, conduite à la Daumont par deux jeunes postillons galamment harnachés, était vert et or; il n'y avait d'autre armoirie qu'un chiffre. Les deux postillons, poudrés à frimas, étaient vêtus de casaques en velours vert brodé d'or. Derrière la calèche se tenait, avec une roideur toute britannique, un chasseur vraiment gigantesque, dont Napoléon eût fait le plus beau tambour-major de la garde impériale.

Dans cette calèche, qui rappelait quelque souvenir des contes de fées, il y avait une femme, — une belle femme qui avait plus que toute autre l'air d'être la reine de cette fête pittoresque et animée; cependant elle n'avait pas de couronne, si ce n'est celle de la jeunesse, si ce n'est celle que porte toute femme qui a vingt ans, qui est belle et qui est aimée. Elle était vêtue d'une robe de reps bleu foncé, presque cachée sous une mantille de dentelle noire. Elle était coiffée avec une légèreté féerique par un chapeau de crêpe rose. Je ne dirai pas qu'elle était d'une beauté incomparable; mais sa figure, qui n'avait aucun caractère bien distinct, était d'une fraî-

cheur éblouissante; la rosée, quand se lève le soleil, n'a
pas plus d'éclat matinal.

Au premier coup d'œil, on jugeait sans peine que cette
femme était décidée à ne prendre de la vie que la gaieté,
le luxe, l'insouciance et l'amour, — l'amour argent
comptant, — aussi, vivant dans ce beau dessein elle
n'avait jamais pâli sous les chagrins; ses yeux n'avaient
jamais perdu leur éclat dans les larmes. Un conte persan
nous dit : « *Il y a des femmes qui sont des roses, il y a
des femmes qui sont des épines, il y a des femmes qui
sont des sourires de Dieu, il y a des femmes qui sont
des grimaces du démon.* » Celle dont nous parlons
n'avait voulu se charger ni des épines, ni des grimaces ;
quoiqu'elle fût certainement dans l'éclat de la jeunesse,
elle n'était ni svelte ni élancée ; elle s'était laissé prendre
par un léger embonpoint qui rehaussait encore la splendeur de son corsage. Cette femme, par sa luxuriance,
eût surtout séduit Titien et Rubens. L'un ou l'autre de
ces deux grands peintres eût rendu avec passion la vie
et la couleur de cette nature tout en fête.

Or, quelle était cette femme qui arrivait ainsi seule,
avec fracas, comme en triomphe, pour voir tuer un
cerf dans les étangs de Commelles ?

Nul ne l'attendait là; à son apparition, tout le monde
se tourna vers elle, quelques-uns pour dire un mot sur
elle, quelques autres pour dire un mot contre elle ; mais
personne ne se détacha des groupes déjà formés au bord
des étangs pour aller à sa rencontre.

A peine les chevaux s'étaient-ils arrêtés tout écu-
mants, que les princesses se montrèrent discrètement

sur le balcon gothique du pavillon de la Reine-Blanche.

La nouvelle venue fut presque la première à les saluer.

A sa manière simple de saluer, on jugea que ce devait être quelque grande dame allant à la cour. On se dit même son nom de proche en proche, croyant reconnaître certaine beauté célèbre par ses aventures plutôt encore que par sa beauté et le nom de son mari.

Maurice s'était approché de la calèche.

Le chasseur était descendu pour baisser le marchepied, mais ce grand diable d'homme, distrait par le spectacle du balcon, se laissa devancer par Maurice, qui, en deux secondes, avait sauté à terre et avait remis son cheval à son jockey.

— Est-ce que tu vas descendre? demanda-t-il familièrement à la nouvelle venue.

Et, se reprenant aussitôt :

— Madame, je suis votre très-humble et très-obéissant serviteur.

— Ainsi soit-il, dit-elle en lui tendant la main. Je ne suis pas fâchée de te rencontrer, Maurice ; vous n'êtes guère plus amusant que les autres, monsieur le comte ; mais...

— Mais Votre Altesse a la bonté de me trouver moins ennuyeux. Que diable viens-tu faire ici?

— Moins que rien : te chercher.

Et, se reprenant, elle poursuivit avec emphase :

— Je viens admirer ces vieux chênes paresseux qui n'ont pas encore un feuille verte.

Maurice était monté sur le marchepied.

— En revanche, dit-il sur le même ton, le printemps

tout entier chante et fleurit sur votre figure, ô divine... Comment vous nommez-vous aujourd'hui?

— Je ne sais plus; comme il vous plaira.

— Béatrix?

— Si vous voulez.

— Je vous salue, Béatrix. Tu sais que je t'aime toujours.

— Dites-moi, Maurice, est-ce que vous ne pourriez pas me parler avec respect? Ne dirait-on pas qu'il est avec quelque femme du monde?

— Madame, j'oubliais...

— Songez-y; voici d'ailleurs que les curieux entourent ma voiture. Que penserait-on de moi si on vous entendait me parler ainsi?

— Madame, vos chevaux commandent le respect. Est-ce que tu vas rester là? Pour moi, je n'ai pas l'habitude de percher sur un marchepied. Un marchepied est bon à quelque chose, mais quand on doit s'élever plus haut: je vais m'asseoir sur ce coussin.

— Et si le prince est ici?

— Est-ce que tes chevaux ne sont pas payés?

— Est-ce que cela me regarde? Est-ce que vous me prenez pour une femme légitime?

Maurice venait de s'asseoir en face de Béatrix, ce qui fit chuchoter tous les groupes voisins.

— Comment passerez-vous la saison, mon ami Maurice?

— Madame, permettez-moi de refuser ce titre, qui m'humilie profondément; je ne veux jamais être l'ami d'une femme; son ennemi, passe encore...

— Vous êtes un homme d'esprit...

— Vous êtes une femme de cœur; marions ces deux belles choses jusqu'à demain.

— C'est un peu long.

A cet instant, on entendit le galop retentissant d'un cheval qui suivait le bord du bois sans s'effrayer des roseaux, des buissons et des branches. On reconnaissait un cheval dressé au steeple-chase. Il était monté par un jeune cavalier d'une grâce et d'une distinction remarquables. Il saluait çà et là, en homme qui se trouve à une fête de famille.

Il allait droit à la calèche de Béatrix. A la vue du personnage nonchalamment assis en face de la dame, sa figure, ouverte et gaie comme un jour de printemps, se rembrunit tout à coup.

Cependant il salua Béatrix avec toute sa bonne grâce accoutumée.

— Ah! bonjour, prince. Prenez garde d'effrayer mes chevaux; vous savez comme ils sont étourdis.

Le prince avait lancé vers Maurice un regard foudroyant. Béatrix lui tendit très-galamment la main.

— Mon cher prince, je vous ai attendu.

— Ah! dit-il avec une amertume qu'il voulait vainement cacher, vous m'avez attendu?

— Oui, mais j'espérais que vous ne viendriez pas.

— En vérité, vous êtes trop bonne, et je vous remercie.

Béatrix s'était remise à causer avec Maurice. Le prince, furieux, éperonna son cheval et courut saluer les dames du balcon.

— Ah çà! mon cher Maurice, dit Béatrix avec un rire

contenu, vous comprenez bien qu'il vous faudra défendre à la pointe de l'épée la place que vous avez là. Songez que ce pauvre prince est depuis six mois mon amant... du lendemain... Ces chevaux et cette calèche m'ont été envoyés ce matin par les ordres du prince ; voyez ce billet.

« Madame, cette nuit, en jouant au lansquenet, j'ai pensé à vous : c'est déjà une bonne fortune ; j'ai gagné la voiture que je vous envoie, avec mes chevaux, mon postillon et mon chasseur. Je suis de la chasse à courre : je vous attends à deux heures aux étangs de Commelles, devant le pavillon de la Reine-Blanche. »

— On n'est pas plus maladroit, dit Maurice en remettant le billet. Quiconque donne une voiture à une femme lui donne le moyen de s'en aller avec un autre.

Cependant le prince avait été rejoint par son groom. Il sauta sur l'herbe et lui remit son cheval. Maurice, tout en divaguant avec Béatrix, ne l'avait point perdu de vue.

— Tenez, dit-il à la dame, le voilà qui vient faire le siége de sa voiture.

En effet, le prince était revenu droit à la calèche.

— Madame, dit-il en jouant le calme le plus inaltérable, j'ai deux mots à dire.

— Dites, monsieur, nous vous écoutons.

Le prince pâlit de colère ; il poursuivit pourtant avec le même calme.

— Mais, madame, pour le moment, c'est à vous seule que je tiens à parler ; tout à l'heure, quand j'aurai deux mots à dire à votre voisin, je ne solliciterai pas votre présence.

4

— Vous comprenez bien, monsieur, dit Maurice gravement, qu'il ne me prendra pas la fantaisie de descendre pour que ma voisine vous écoute à votre gré et non pas au sien. Quand on est ici, on n'a pas envie de s'en aller; vous me comprendrez d'autant mieux que vous n'y êtes pas.

— Vous êtes des enfants, dit Béatrix; n'allez-vous pas prendre tout cela au sérieux ?

— Non, madame, répondit le prince, n'ayez pas de souci, je ne prends jamais rien au sérieux quand je suis avec vous. Seulement, poursuivit-il d'un ton impérieux, je veux vous dire deux mots à vous toute seule, et, un jour ou l'autre, je vous les dirai.

Le prince s'éloigna et trouva son groom arrêté avec un postillon de la calèche; il donna des ordres, remonta à cheval, et disparut dans la forêt.

— Il est fou, dit Béatrix.

— Nous avons un tort envers lui, remarqua Maurice, celui d'être dans sa voiture.

— Comment, sa voiture ! n'est-elle pas à moi?

— Oui, jusqu'à un certain point; il a signé la donation. Mais vous, Béatrix, pour l'accepter, vous n'avez pas signé.

Cependant le groom s'était éloigné, et le postillon était remonté sur son cheval.

— Que faites-vous? s'écria Béatrix en voyant qu'il faisait claquer son fouet.

Le postillon ne répondit pas; les chevaux fendirent la foule et gagnèrent au galop un des chemins couverts de la forêt. Maurice, debout dans la calèche, avait beau ordonner au chasseur de faire arrêter, celui-ci n'avait même pas l'air de l'entendre. Il n'était sensible qu'aux branches qui, bon gré mal gré, lui faisaient courber la tête.

D'abord, Maurice et Béatrix s'étaient impatientés ; maintenant, ils ne pouvaient s'empêcher de rire de cette promenade inattendue, qui avait tout l'air d'une course au clocher.

— Après tout, madame, il ne faut pas nous plaindre ; le chemin est vert, nous respirons l'odeur des jeunes pousses ; le soleil nous sourit à travers les arbres ; la vie est un voyage : en avant!

— En effet, puisque nous ne savons jamais où nous allons, à quoi bon nous inquiéter de notre chemin aujourd'hui.

— Il faut rendre justice aux chevaux du prince, ils sont d'une bonne race, ils défieraient les ailes de flamme de la vapeur. Au train dont ils vont, nous irons souper à Calais.

— Vous m'effrayez. Après tout, la fin couronne l'œuvre, reprit-elle ; or, l'œuvre, n'est-ce pas le bonheur ? Mais ne vous semble-t-il pas que les chevaux s'emportent ?

Maurice se leva et apostropha tour à tour le chasseur et les postillons avec colère ; ceux-ci continuèrent à ne pas s'occuper des personnes qui étaient dans la voiture.

— Encore, dit Maurice avec fureur, si le chemin avait des marges, je sauterais à terre, et je rosserais ces coquins-là ; mais je courrais risque de rester accroché dans ces maudits branchages comme feu Absalon par sa chevelure.

— Je vous conseille, dit Béatrix, de continuer gravement à me faire votre cour; cette solitude est charmante, on ne peut pas faire son chemin avec plus de mystère. Voyons, asseyez-vous près de moi, et dites-moi ce que vous avez dans le cœur. Vous savez que j'aime les confidences.

— Mon Dieu, si j'étais de bonne foi, si je ne vous aimais avec passion, depuis une heure je vous dirais peut-être que cette promenade forcée me rappelle qu'il y a trois ou quatre jours, je me suis trouvé en pareille aventure.

— En pareille aventure! Et où donc?

— Dans les Champs-Élysées.

— Racontez-moi cela.

— Rien de plus simple, ou plutôt rien de plus compliqué. Nous voulions savoir s'il était possible d'aller se promener au Bois en compagnie d'une femme de bonnes vie et mœurs, de quelque gracieuse habitante du faubourg Saint-Honoré, mais sans la connaître le moins du monde. Je me suis élancé dans une calèche découverte, en face d'une belle femme qui rêvait sans doute aux printemps évanouis, car elle avait près de trente ans.

— Quel extravagant vous êtes! Et que vous a dit la belle inconnue?

— C'est toute une odyssée. Vous avez lu le *Voyage sentimental* et le *Voyage autour de ma chambre?*

— Ce sont des livres dont je raffole, car je n'y comprends rien.

— Il faudrait un Sterne ou un Xavier de Maistre pour vous raconter notre voyage de point en point. Dans dix ans, ce sera, si j'ai bonne mémoire, une des belles pages de ma vie.

— Et notre voyage à nous deux à travers les solitudes de cette forêt, est-ce que vous allez l'oublier?

— Jamais!

Maurice, qui avait pris la main de Béatrix, l'éleva à ses lèvres avec passion.

— Savez-vous, mon cher Maurice, que nous n'arrivons pas?

— Est-ce qu'on arrive jamais, si ce n'est au cimetière?

— Je vous conseille de faire le philosophe; qui sait ce qui nous attend au bout du voyage?

— Je suis prêt à tout.

— Je connais le prince; je m'imagine qu'il va débusquer à la prochaine avenue, armé jusqu'aux dents.

— Oui, avec son imagination, il a dû trouver cette péripétie. Il veut vous forcer à nous voir ferrailler ou faire fou.

Maurice continua avec emphase :

— Il veut s'abreuver de vos larmes et se repaître de vos pâleurs.

— Il ne me connaît guère; est-ce que je pleure? est-ce que je pâlis? Qu'importe ce qu'il arrive, je ne sourcillerai pas; d'ailleurs, je compte sur la destinée, qui ne m'a jamais soumise à de tristes spectacles. Vous le savez, tout ce qui m'entoure est dans une atmosphère sereine et joyeuse. On s'est plus d'une fois battu pour mes beaux yeux, mais on n'a jamais versé une goutte de sang.

— Oui, si jamais le bonheur s'est égaré sur la terre par mésaventure, sans nul doute il a pris votre image;

4.

je suis profondément fataliste : aussi, je ne redoute rien en votre compagnie, pas même vos caprices.

— Remarquez-vous comme moi que ce chemin s'assombrit singulièrement? Il me semble que les chevaux se sont emportés. Voyons donc ! me voilà toute décoiffée, les branches battent mes dentelles.

Maurice se leva furieux et apostropha encore le chasseur :

— Coquin ! dis-moi où nous allons, ou je te précipite sur ces épines.

Le chasseur répondit avec un air inquiet qu'il ne savait pas.

Après des détours sans nombre par des chemins à peine fréquentés des gardes forestiers et des chasseurs, les quatre chevaux qui entraînaient Maurice d'Orbessac et Béatrix s'arrêtèrent tout à coup au rond-point de la Chenaie.

— Ah ! mon Dieu ! dit tout à coup Béatrix, je joue ce soir.

Elle n'avait pas achevé ces quelques mots, que le jeune prince de Waldesthal, débusquant par une avenue, vint, à cheval, se présenter devant elle avec le sourire forcé sur les lèvres.

— Eh bien, madame, que dites-vous de la promenade? Je suis bien aise de vous rencontrer. N'est-ce point un miracle que la chasse m'ait conduit sur vos pas?

Maurice voulut descendre de la calèche.

— Un instant, s'il vous plaît.

— Il ne me plaît pas d'attendre, répliqua Maurice. Exposez-moi vos griefs sans perdre une minute. Vous savez, sans doute, que madame doit jouer la comédie ce soir?

— Je sais que madame ne jouera pas ce soir la comédie, du moins aux Variétés.

— Je serais curieuse de savoir pourquoi? dit en souriant Béatrix.

— La raison en est bien simple, répondit le prince : je vous ai donné cette calèche, madame, mais remarquez bien que je ne vous ai donné ni mes chevaux ni mes gens ; voyez la conséquence...

Les postillons avaient vivement dételé les chevaux sans que Maurice et Béatrix s'en fussent aperçus ; sur un signe du prince, ils remontèrent dessus et se dirigèrent tranquillement vers les étangs de Commelles.

— Pour cette fois, dit Maurice, cachant mal son dépit et s'élançant sur l'herbe, nous allons voir qui de nous deux, monsieur le prince, demeurera céans ; je vous crois trop galant homme pour avoir, en cette occasion, oublié des armes.

— Nous nous retrouverons ailleurs, répondit le prince ; mais aujourd'hui je n'ai pas d'autre raison à vous donner. Vous n'êtes qu'à trois heures de Chantilly ou à trois heures de Luzarches ; avec madame, les chemins sont semés de roses, mais je vous conseille de vous mettre en route, car voilà le soleil qui décline. Du reste, je vous laisse mon chasseur pour aller à la découverte.

Maurice était furieux ; il piétinait le gazon et cherchait à saisir par la bride le cheval du prince. Ayant jeté les yeux sur le chasseur, il ne put s'empêcher de rire de l'air contrit du pauvre garçon, qui était demeuré derrière la calèche, fidèle à son poste, craignant tour à tour la mauvaise humeur du prince ou de Maurice.

— Voyons, grand dromadaire, lui dit Béatrix, va traîner la voiture ou baisse-moi le marchepied.

— Adieu, madame, dit le prince en saluant; je vous souhaite bon gîte et bonne fortune... Si je rencontre votre cheval et votre jockey, poursuivit-il en saluant Maurice, je leur dirai où vous êtes.

En achevant ces mots, il partit comme un trait.

Béatrix descendit de la calèche, et passa doucement sa main sur le bras de Maurice.

— Eh bien, mon cher, où allons-nous?

— Tous les chemins vont à Rome; mais vous ne voulez pas aller par là.

— Dieu m'en garde! Je voudrais aborder quelque château de fée, où flambe un bon feu de sarments, où des mains invisibles apportent aux voyageurs égarés des alouettes toutes rôties et du vin de Champagne frappé.

— Cela peut se rencontrer. Ce qui est certain, c'est que nous trouverons dans ce petit coin de la France un château plutôt qu'une auberge. Vous savez que le département de Seine-et-Oise est peuplé de châteaux. Il y en a peut-être cinquante sur la lisière de la forêt.

— Intelligent obélisque, dit Béatrix au chasseur, prenez les devants, et, comme l'a dit le prince votre maître, allez à la découverte. — Tenez, Maurice, ce sentier me semble très-engageant.

— C'est vrai, mais en moins de cinq minutes vous aurez déchiré vos bottines de satin.

Maurice s'arrêta et se glissa sous les touffes de chêne pour cueillir quelques tiges de violettes et de primevères éparses çà et là. Il rejoignit Béatrix et lui attacha son bouquet au corsage, bien qu'elle le voulût tenir à la main. Ils se mirent ensuite à marcher sérieusement, ne parlant plus guère que pour se plaindre du soleil qui gagnait trop vite l'horizon, des branches et des épines qui déchiraient l'écharpe et les pieds de Béatrix.

IV

LES JEUX DE LA DESTINÉE

Depuis quelques instants, ils suivaient, en pente douce, un petit ruisseau perdu sous les herbes qu'enflaient çà et là des courants d'eau de la forêt. Après une demi-heure de marche, comme ils se trouvaient dans un fourré profond, ils retrouvèrent le chasseur gravement incliné, comme un philosophe, au-dessus du ruisseau.

— Que fais-tu là? Est-ce ainsi que tu nous abréges le chemin?

— Eh! mon Dieu! monsieur, ne voyez-vous pas qu'à moins de rebrousser chemin, il faudra nous arrêter ici?

— Que veux-tu dire?

— Voyez ce ruisseau qui fait un demi-tour et nous empêche de passer.

— Comment, faquin, tu ne saurais sauter par-dessus cette goutte d'eau?

— Moi, passe encore; mais vous? mais madame!

— En effet, dit Béatrix, comment voulez-vous que je fasse?

Maurice saisit Béatrix, l'éleva galamment sur son épaule, et s'élança sans plus de façon de l'autre côté du ruisseau.

Il s'aperçut que Béatrix était pâle et émue.

— Vous avez eu peur.

Elle se rapprocha de Maurice, lui glissa les bras autour du cou, et lui dit en penchant la tête avec un trouble adorable :

— J'ai peur de vous aimer.

— Béatrix, vous n'avez jamais été si belle... avec moi...

— Eh bien, Maurice, vous allez rire ; mais je vous aime sérieusement. Je vous assure que cela ne m'était jamais arrivé. Vous comprenez, j'aimais en passant ; je me laissais séduire par un peu d'esprit, de bonne grâce ou d'extravagance. Tout homme qui se montrait devant moi un franc enfant prodigue, toujours de belle humeur, se moquant du monde entier et de moi-même, sachant dompter un cheval et donner avec grâce un bon coup d'epée, était bien sûr de me faire tourner la tête — pour un jour ou deux — mais cela n'allait jamais plus loin ; c'étaient des feux de paille toujours clairs et gais, mais autant en emportait le vent. Vous, Maurice, je vous ai vu mille fois sans y songer ; vous passiez, avec raison je crois, pour un extravagant de premier ordre ; on me parlait beaucoup de vos chevaux et de vos dettes, de vos maîtresses et de vos duels. Quand j'étais un mois sans vous voir au théâtre ou au Bois, on me disait que vous étiez à Londres, ou à Stockholm, que sais-je ? Il ne me vint jamais à l'idée d'aller vous consoler ni de faire avec vous le tour du monde. Il faut dire que vous n'êtes jamais venu à moi avec un sentiment bien profond. Vous me disiez .

» — Je vous adore; mais vous ne me disiez pas : Je vous aime.

— Voyez comme deux heures de solitude sont bonnes pour les cœurs bien faits! J'avoue que jusqu'ici, dans le tourbillon couleur de flamme qui nous emportait, je n'avais pas pris le temps de vous aimer. Je vous trouvais belle et charmante comme une femme du Titien ou comme une statue de Clésinger; mais mon culte s'arrêtait dans la passion du contour et de la couleur. Maintenant que je vous ai portée dans mes bras et que j'ai senti battre mon cœur sous le vôtre ; je vous aime avec...

Béatrix interrompit Maurice en lui pressant la main.

— Maurice, aimez-moi avec amour tout simplement. N'oublions jamais cette promenade romanesque à travers la forêt. Vous verrez si je m'en souviens! Tenez, Maurice, vous allez vous moquer de moi, mais laissez-moi vous dire toutes les folies qui me passent par la tête : je me figure que j'étais perdue dans je ne sais quel océan sans fin : mon pauvre vaisseau faisait eau de toutes parts ; depuis que je vous serre la main, je puis crier avec joie, comme le matelot : Terre! terre!

— Terre! terre! s'écria Maurice, sans vouloir trop prendre au sérieux ce que disait la comédienne. Voyez : cette échappée nous avertit que nous sommes à la lisière de la forêt.

— Quel beau soleil couchant, là-bas, à travers ces

bourgeons! C'est la première fois que je comprends quelque chose au coucher du soleil.

— Voyons, ma chère Béatrix, prenons garde de tourner à l'églogue.

Ils arrivaient au bout d'une avenue, en pleine campagne, dans un petit vallon désert. Le chasseur vint leur dire qu'il venait d'apprendre par un garde qu'en moins d'une heure ils arriveraient à Luzarches.

— Mais, dit Béatrix, qui jusque-là avait marché sans se plaindre, je n'ai pas la force d'aller plus loin; d'ailleurs, la nuit est venue.

— A moins que madame, poursuivit le chasseur, n'aime mieux demander l'hospitalité au château voisin.

Maurice venait d'apercevoir au-dessus d'un massif de marronniers un toit aigu et des ailes de briques à coins de pierre, dans le goût du XVI° siècle.

— A coup sûr, dit Maurice, on ne nous attend pas là; c'est presque une raison pour y aller.

Eh bien, allons, dit résolûment Béatrix; il faut bien que le roman se continue dans tout sa bizarrerie; il faut bien que notre voyage sentimental se compose de plusieurs chapitres. Qui sait? un épidose curieux nous attend peut-être là. Qui sait si nous ne surprendrons pas quelque mystère du département de Seine-et-Oise?

Tout en parlant ainsi, Maurice et Béatrix marchaient à pas comptés vers le portail du château.

— Voyons, Maurice. Ah! que vous êtes un homme timoré! Vous ne vous décidez donc pas?

— Je me demande quelle figure nous allons faire.

— Belle et bonne figure, j'imagine.

— Enfin vous présenterai-je aux honnêtes gens qui habitent ce château comme ma sœur, ma femme ou ma maîtresse ?

— Comme votre sœur, on ne vous croira pas; comme votre femme, c'est bien ennuyeux. Pourquoi pas comme votre maîtresse ?

— Je veux seulement éviter de vous soumettre...

— A une humiliation ? Sachez-le bien, il n'y a d'humiliées que les femmes sans cœur. Envoyez le chasseur à Luzarches; il demandera des chevaux à la poste, il ira dans la forêt chercher la calèche, il nous l'amènera ici. C'est donc pour deux heures à peine qu'il nous faut l'hospitalité.

Ils étaient arrivés dans la cour du château, ils n'avaient encore rencontré personne.

— Williams, dit Maurice au chasseur qui les suivait toujours, allez annoncer la visite forcée de M. le comte et de madame la comtesse d'Orbessac : après quoi vous irez à Luzarches, comme on vient de vous le dire.

Le chasseur obéit. Il s'était à peine éloigné, qu'un homme très-gros et très-court, un homme tout rond, apparut tête nue sur le perron.

— C'est sans doute le marquis de Carabas du canton, dit Béatrix. Voyez, c'est un homme bienséant, le voilà qui accourt à notre rencontre avec la prestesse de Sainville.

En effet, l'homme tout rond arriva tout essoufflé devant Maurice; ce que voyant, Williams prit le chemin de Luzarches. L'homme du château salua Maurice et lui parla avec volubilité, sans prendre garde à sa compagne de voyage.

— Monsieur, monsieur, vous arrivez bien à propos.

— Monsieur, j'étais loin de me douter qu'il y eût de l'à-propos dans ma visite.

— Monsieur, nous n'avons pas un instant à perdre.

— Sans doute pour nous mettre à table, dit Maurice à Béatrix.

— J'avais compté sur M. de Limiers, mais j'avais compté sans mon hôte.

L'homme tout rond sourit et daigna saluer Béatrix.

— Cela arrive tous les jours, dit-elle avec un sourire; moi, monsieur, c'est bien pis, j'ai compté sur mes chevaux, voilà pourquoi...

— Mais, monsieur, de grâce, poursuivit l'homme tout rond, hâtons-nous; car Dieu seul sait le temps qui nous reste pour signer.

— Pour signer!

— Après lecture faite selon la coutume et selon la loi.

— Mais, monsieur...

On était arrivé au bas du perron.

— Monsieur, prenez la peine de monter; madame pourrait se promener un peu dans le parc.

— Mais, monsieur, dit Maurice, je ne signe jamais sans elle.

— Ah! permettez! pour cette fois il faudra bien signer seul; il est impossible que madame soit admise là-haut.

— Alors, monsieur, vous comprenez que je ne prendrai pas la peine de monter moi-même.

— Monsieur, je vous requiers de me suivre à l'instant, ou j'assume sur vous une grande responsabilité.

— Il faudrait pourtant s'expliquer un peu, dit Maurice avec impatience.

— C'est bien simple ; vous êtes majeur ?

— Je ne le sais que trop.

— Vous savez écrire?

— Peu ; je n'en abuse pas.

— Vous êtes Français?

— Pas beaucoup, car je ne suis pas né malin.

— Vous n'êtes ni parent ni allié du comte?

— Je commence à comprendre et je vais vous dire ce que vous êtes.

— Ah! je croyais que vous me connaissiez.

— Notaire royal, dit Maurice en appuyant sur chaque mot.

— M° Alboise, à Pontoise, dit le notaire en s'inclinant.

— Département de Seine-et-Oise, dit Béatrix en appuyant sur la rime.

— Vous comprenez, monsieur, dit le notaire, que j'aie le droit de vous appeler là-haut comme témoin.

— Qu'est-ce qu'il y a donc à signer?

— Un testament.

— C'est une chose assez grave, je n'aime pas les testaments ; il faut que l'argent aille où il plaît à Dieu, par le chemin naturel. C'est peut-être un vieillard qui déshérite une famille sans pain, pour enrichir un riche hospice qui nourrit cent pauvres... administrateurs.

— Mon cher monsieur, dit le notaire, cela ne nous regarde pas ; le malade a encore toute sa tête ; nous ne sommes que des instruments, la loi nous ordonne d'obéir.

— Je ne connais pas cette vieille boiteuse louche qui se nomme la loi ; c'est grâce à elle que sont faites et respectées toutes les iniquités qui peuplent la terre ; mais, puisque enfin le hasard m'a conduit ici un jour où il manquait un témoin, voyons ce testament ; passez, Béatrix.

— Considérez, monsieur, dit le notaire, que madame ne peut assister à la lecture de ce testament.

— Considérez, monsieur, dit Maurice, que si je ne veux pas vous suivre...

— Allons, comme il vous plaira ; madame se tiendra à la fenêtre avec madame la comtesse.

On traversa le vestibule, on passa dans une salle de billard. Un domestique en livrée vint demander à Maurice le nom qu'il fallait annoncer.

— Annoncez un témoin, dit Maurice.

On passa dans une chambre à coucher, d'un ameublement très-suranné.

Celui qui venait de dicter son testament était couché dans un lit à baldaquin d'une forme carrée, couvert de rideaux de soie rouge bordée de franges d'or. Le notaire s'avança devant une petite table parsemée de papiers, où brûlaient deux bougies dans des flambeaux d'argent uni ; trois témoins étaient gravement assis autour de cette table. C'étaient deux paysans et un huissier. Un feu de charme brûlait gaiement dans la cheminée comme aux plus beaux jours d'hiver ; une pendule allégorique, qui rappelait un tableau de Prudhon, *l'Amour poursuivant les Muses*, marquait sept heures et demie.

Maurice salua le malade, qui était un vieillard. Ses cheveux blancs et sa longue barbe grise lui donnaient l'air d'un vénérable patriarche.

— Où est ma fille ? demanda-t-il en inclinant la tête devant Maurice.

La fille du malade était à la fenêtre de la chambre, quand Maurice s'était montré sous le portail; elle-même avait envoyé à sa rencontre le notaire, qui, depuis une heure, attendait un témoin. Bientôt, voyant venir un homme et une femme de bonne compagnie, elle était passée dans sa chambre pour rajuster un peu sa coiffure. A peine son père l'eut-il demandée, qu'elle se présenta à la porte de la chambre.

Elle salua Béatrix avec une dignité glaciale. En voyant Maurice, elle tressaillit et voulut en vain réprimer la rougeur qui lui montait au front. Maurice tressaillit aussi : il avait reconnu la comtesse de Fargial, cette belle femme un peu romanesque avec laquelle il s'était promené si cavalièrement aux Champs-Élysées quelques jours auparavant.

Béatrix, qui s'aperçut de leur trouble, les regarda l'un et l'autre avec une surprise inquiète. Elle se rapprocha de Maurice.

— Maurice, lui dit-elle avec une pâleur subite, un vague pressentiment m'avertit que nous aurions bien fait d'aller plus loin. Il va se passer ici quelque chose d'étrange..

V

LE TESTAMENT

Tout était donc disposé pour la lecture d'un testament au petit château de Marvy.

Grâce à l'arrivée si inattendue de Maurice d'Orbessac, les témoins étaient en nombre.

Maurice avait expliqué au comte et à sa fille comment il s'était égaré dans la forêt, comment il était forcé d'attendre que son chasseur eût retrouvé ses gens et sa voiture.

La comtesse de Fargiel avait conduit Béatrix devant le feu, sur un petit divan, et s'était assise sur un fauteuil entre elle et son père, en face de Maurice. Elle avait maîtrisé sa première émotion. Peut-être elle aurait bien désiré rencontrer encore Maurice d'Orbessac, le hardi chercheur d'aventures, mais en tout autre circonstance et sans doute en toute autre compagnie.

— Messieurs, dit le notaire d'un air officiel, je vais vous lire le testament :

« Au château de Marvy, arrondissement de Pontoise, département de Seine-et-Oise, par-devant M⁰ Antoine

Alboise, notaire royal à la résidence de Pontoise, assisté des témoins ci-après nommés et soussignés,

» A comparu :

» M. Louis-Valentin-Raoul Dubois, comte de Parfondval... »

A ce nom, Béatrix tressaillit et leva la tête.

— Parfondval! murmura-t-elle en regardant tour à tour madame de Fargiel et Maurice. Parfondval! suis-je bien éveillée?

Cependant le notaire continuait :

» Demeurant au château de Marvy, lequel, malade depuis six mois, mais sain d'esprit, voulant prévoir le cas où il plairait à Dieu de le rappeler à lui, et assurer l'exécution de ses volontés actuelles et finales, a résolu de faire les dispositions testamentaires suivantes.

» En conséquence, agissant de son propre mouvement, libre de toute influence ou suggestion étrangère, il déclare faire et instituer pour sa légataire universelle sa fille, madame la comtesse veuve Henri-Hector de Fargiel, née Régine Dubois de Parfondval, et il lui donne tous les biens généralement quelconques, meubles, immeubles et droits incorporels de quelque valeur et de quelque nature que ce soit, qui lui appartiendront au jour de son décès.

» Pour par elle en jouir, faire et disposer comme bon lui semblera.

» A la charge par elle de faire une pension alimentaire, si besoin est, aux demoiselles Clotilde et Marguerite de Béthisy, si, contre leur attente, elles se présentaient à la succession du testateur. » (*Suivait une liste de legs particuliers au profit d'admis ou de domestiques.*

» Dont acte.

» Fait et passé au château de Marvy, en présence d témoins (*les noms et qualités des témoins*), lesquels ont signé avec le testateur et le notaire, après lectur faite. »

— Clotilde et Marguerite de Béthisy ! dit Béatrix avec agitation. Est-ce un rêve ?

Elle était demeurée clouée sur son fauteuil.

Elle regardait tour à tour, d'un œil égaré. Maurice, le malade et madame de Fargiel.

— Monsieur d'Orbessac, dit-elle en faisant un léger signe de main au jeune homme.

Maurice était, depuis que le notaire lisait, sous le charme invincible de madame de Fargiel, qui lui parlait avec ses grands yeux noirs.

Cependant, quand le notaire eut fini de lire, il porta son acte et sa plume au bord du lit de M. de Parfondval. Le vieillard signa avec l'air de contentement et de délivrance d'un homme qui n'a plus rien à faire ici-bas.

Quoique Béatrix fût séparée de Maurice par madame de Fargiel, elle se leva, passa résolûment devant la comtesse, et dit au jeune homme d'un air égaré :

— Maurice ! Maurice, ne signez pas !

A peine avait-elle dit ces mots, que le notaire vint droi à Maurice, parce qu'il était le témoin le plus distingué des quatre.

— Monsieur, voulez-vous signer ? dit galamment le notaire en présentant la plume avec respect.

— Non, répondit Béatrix.

5.

Maurice avait l'air de rêver.

— Sans doute, madame ne sait pas de quoi il s'agit, dit le notaire en s'inclinant devant Béatrix.

— Je sais ce qu'on fait et je sais ce que je dis, répliqua-t-elle avec fermeté; je ne veux pas que M. le comte d'Orbessac signe ce testament.

La comtesse de Fargiel s'était levée tout inquiète; elle regarda Béatrix avec colère tout en la suppliant.

— Mais, madame, remarquez que M. d'Orbessac doit signer comme témoin.

— Oui, madame, M. d'Orbessac doit signer comme témoin, voilà pourquoi il ne signera pas.

M. de Parfondval s'était soulevé sur son oreiller avec une surprise inquiète.

— Qu'y a-t-il? demanda-t-il au notaire.

— J'ai bien de la peine à comprendre, répondit M⁰ Alboise. J'ai décidé M. le comte d'Orbessac à venir me prêter appui comme témoin; il m'a demandé s'il y avait à signer quelque testament illégal du moins à ses yeux, c'est-à-dire déshéritant une famille. Je lui ai répondu qu'il était question d'un testament tout paternel. Après la lecture que je viens de faire, comment est-il possible que le comte d'Orbessac refuse de signer? Je n'y comprends rien.

— Mon Dieu, dit Maurice, je ne refuse pas de signer; mais, comme je n'ai apposé mon nom au bas d'aucune espèce de testament, je demande la permission de réfléchir un peu.

— Quoi de plus simple? lui dit madame de Fargiel en se rapprochant de lui comme pour empêcher Béatrix de lui parler, si vous avez bien entendu, vous comprenez que mon père m'institue sa légataire universelle, à la charge par moi de servir divers legs. Il n'y avait même pas besoin de testament pour cela.

— Eh bien, s'écria Béatrix, pourquoi fait-on un testament ?

VI

LE COMTE DE PARFONDVAL

Béatrix s'était insensiblement approchée du lit.

— Je demande à M. le comte de Parfondval, dit-elle d'une voix émue, la grâce de demeurer un instant seule avec lui. Alors je pourrai lui expliquer pourquoi M. le comte d'Orbessac ne signera pas ce testament.

De plus en plus surpris et inquiet, M. de Parfondval regarda Béatrix. Il fut quelques secondes sans lui répondre.

— Non, non, murmura-t-il tout bas en passant la main sur son front, ce n'est point un rêve.

S'adressant au notaire et aux témoins :

— Messieurs, voulez-vous avoir la bonté de passer pour un instant dans le salon?

Quand le notaire et les témoins furent sortis, Béatrix se retourna vers madame de Fargiel.

— Madame, je désire être seule pour parler à M. de Parfondval.

Et comme madame de Fargiel, tout interdite, semblait

ne pas devoir écouter Béatrix, son père, se tournant vers elle, lui dit en essayant de sourire :

— Allons, ma fille, il faut s'exécuter de bonne grâce, car c'est sans doute la dernière fois qu'une aussi jolie bouche me demande un quart d'heure d'entretien.

Maurice offrit le bras à madame de Fargiel.

Comme la pièce où ils venaient d'entrer n'était éclairée que par les dernières teintes du couchant, la comtesse de Fargiel alla droit à la cheminée et sonna vivement.

Un domestique entra avec un flambeau dans chaque main.

— Madame, dit Maurice quand cet homme fut sorti, je vois qu'une certaine agitation s'est emparée de votre âme. Rassurez-vous, je suis venu ici avec une comédienne : c'est une bonne fille qui ne sait pas souvent ce qu'elle dit; je la connais, mais pourtant je n'ai pas le droit de l'arrêter dans ses impertinantes folies. Une aventure assez bizarre nous a réunis, bon gré mal gré, depuis deux ou trois heures. Mais rassurez-vous : quoi qu'elle dise, quoi qu'elle fasse, ce sera toujours de la comédie.

— De la comédie, monsieur; mais songez que mon père est au plus mal. Je suis venue aujourd'hui en toute hâte sur une lettre du médecin, qui croyait que M. de Parfondval n'avait plus que peu de jours à vivre.

— Je ne serais pas surpris, madame, que Béatrix ait demandé un tête-à-tête à monsieur votre père pour obtenir de lui quelques lignes dans son testament, car savons-nous si M. de Parfondval en est à son premier tête-à-tête avec les comédiennes des Variétés ?

— Il ne faut pas calomnier mon père; mais pourtant,

comme je ne suis pas sa confidente, je ne puis jurer de rien. Je serais bien curieuse de savoir ce qu'elle va dire à mon père.

Madame de Fargiel s'était rapprochée de la porte et l'avait entr'ouverte légèrement. Comme le lit du malade était à l'autre côté de la chambre, elle ne put rien entendre. Elle revint vers Maurice.

— Permettez-moi de vous dire, madame, que je bénis le hasard qui m'a si étrangement conduit ici; j'espérais vous revoir. Lundi, au bout des Champs-Élysées, quand il m'a fallu vous quitter, un doux et triste pressentiment m'a averti que je vous retrouverais bientôt, mais je ne pensais pas que je vous rencontrerais dans ce pays presque perdu.

— Un pressentiment doux et triste?

— Oui, madame, je réunis toujours ces deux mots; ne croyez-vous pas comme moi que l'amour ne va jamais sans eux?

— Cependant, dit madame de Fargiel d'un air rêveur, sans penser à répondre, cette demoiselle qui court les champs avec vous, c'est votre maîtresse?

— Je ne sais rien encore, répondit nonchalamment Maurice. Si je ne vous eusse pas rencontrée, peut-être deviendrais-je follement épris de Béatrix, car elle est bien jolie et bien attrayante.

— D'abord, elle a un grand avantage sur nous autres pauvres femmes du monde : elle joue la comédie...

— Ces pauvres femmes du monde! elles ne savent pas jouer la comédie, elles!

La conversation dura sur ce ton près d'une demi-heure,

Maurice fut spirituel plutôt que tendre, galant plutôt que passionné ; madame de Fargiel se contenta de mettre en jeu ses plus vives coquetteries. Mais chacun d'eux était distrait par la singularité du rôle de Béatrix.

Or, que se passait-il entre la comédienne et le malade ?

VII

LES LARMES DE CROCODILE

Nous raconterons en peu de mots la vie du comte de Parfondval, depuis le jour tragique où il tua Pierre Marbault, où il ne voulut pas même dire adieu à la pauvre Amélie.

Après son départ si précipité du Bourbonnais, le comte de Parfondval était passé en Allemagne, où, depuis l'émigration de 1791, il avait des parents. Après un séjour de quelques années, le souvenir de son malheur étant moins vif, il revint en France, abandonnant son titre de comte de Parfondval, pour éviter toute reconnaissance entre lui et les filles d'Amélie.

Il n'avait laissé pour toute fortune à ces pauvres enfants que le château de Béthisy, ruine à moitié rebâtie, entourée de quelques arpents de pré, c'est-à-dire tout ce que leur mère avait recueilli de la succession du vieux chevalier. Comme la terre de Parfondval était à son nom, il l'avait vendue en passant à Moulins à l'heure même où expirait sa femme. Il était donc devenu étranger à ce pays.

Il prit pied d'abord à Paris pour voir plus souvent Régine, qui était au couvent du Sacré-Cœur. Tourmenté par l'histoire de sa vie, il lui avait fallu voyager encore pour échapper à son inquiétude, car il avait beau vouloir oublier, le souvenir était toujours palpitant dans son cœur et dans sa pensée; il voyait avec colère, tantôt avec compassion, tantôt même avec amour, cette pâle Amélie qu'il avait si cruellement abandonnée à la dernière heure; il voyait sans cesse passer sous ses yeux, sous le fantôme de leur mère, ses deux pauvres petites filles qu'il avait reniées.

— Qui sait? se disait-il quelquefois dans ses insomnies, peut-être sont-elles mes enfants comme Régine.

Il s'arrêtait à cette pensée, il se promettait de chercher à les revoir, d'écouter son cœur, qui serait le vrai juge; mais tout à coup se dressait devant lui la figure pensive de Pierre Marbault, et il repoussait avec fureur toutes les images un instant caressées.

— Ce sont ses filles! Ce sont ses filles! disait-il tout haut dans la nuit.

Le lendemain, il allait au Sacré-Cœur embrasser Régine, ou bien, s'il était hors de Paris, il lui écrivait avec tout ce qui lui restait de tendresse au cœur.

Il avait fini, au mariage de Régine, par habiter le petit château de Marvy, dans l'espoir que les tracas de la propriété lui feraient oublier un peu la triste page de sa vie.

En effet, à peine installé dans ce château, il avait planté, bâti, creusé une pièce d'eau, dessiné de nouvelles allées; et, à toute nouvelle saison, il recommençait la métamorphose de son jardin et de son parc.

Depuis près de six mois, il était tombé, avant l'âge, abattu par le chagrin et par l'ennui. Sa fille, devenue une femme à la mode, le visitait à peine trois ou quatre fois par an, et encore c'était une vraie visite de cérémonie.

On peindrait mal toute la douleur qu'il ressentait à cet abandon de Régine, qui était toute la vie de son cœur, pour laquelle il avait abandonné deux autres filles, qui étaient peut-être ses enfants !

Il avait pleuré en silence ; mais l'illusion paternelle bâtit aussi sur le sable. Dès qu'il tomba mortellement atteint, Régine revint à lui avec la tendresse bien jouée d'une coquette.

Le malade, un jour de reproches sur son délaissement, lui avait dit :

— Qui sait ? si j'appelais tes sœurs, elles viendraient peut-être toutes les deux veiller à mon lit de mort.

Régine, qui ne pleurait jamais, ne pleura pas, mais elle eut l'art de montrer des larmes à son père.

Le lendemain, elle revint ; elle revint le surlendemain ; elle revint toute la semaine, tantôt apportant un bouquet, tantôt un fruit rare, tantôt un livre curieux. M. de Parfondval s'accusa d'avoir mal jugé sa fille ; il la pria de lui pardonner.

VIII

LES YEUX VERTS

Dès que Béatrix se vit seule devant M. de Parfondval, elle tomba agenouillée et sanglota, le front appuyé sur le bord du lit.

— Mais, madame, dit le comte en voulant lui prendre la main, expliquez-vous, de grâce.

Béatrix se leva subitement et répondit au comte avec un mouvement d'indignation :

— Une pension alimentaire aux demoiselles de Béthisy ? Qu'est-ce que cela veut dire ? Est-ce bien vous qui avez dicté cet horrible testament ?

Le malade, tout atterré, regardait Béatrix sans comprendre.

Après un silence, Béatrix poursuivit ainsi :

— Sachez donc, monsieur, que les demoiselles de Béthisy n'ont pas besoin de votre pension alimentaire. Il est bien temps, d'ailleurs, de penser à elles quand l'une s'est faite comédienne et l'autre...

— Mes filles, des comédiennes! s'écria le comte. Mes filles des comédiennes!

— Vos filles... vous voyez bien qu'elles sont vos filles, car ce cri est parti du cœur.

M. de Parfondval s'était soulevé et avait saisi la main de Béatrix.

— Vous êtes donc ma fille! s'écria-t-il d'une voix brisée... Clotilde? c'est vous qui êtes Clotilde? continuait M. de Parfondval en pressant la main de Béatrix.

— Oui, dit-elle avec un sourire et avec une larme. J'ai pris pour le théâtre le masque du nom de Béatrix; je ne veux pas vous faire mourir un quart d'heure plus tôt. Après tout, je ne me plains pas de ma destinée, car je suis la fille du monde la plus heureuse. Une pension alimentaire! mais j'ai plus de cent mille livres de rente!

— Vous?

— Vous vous imaginez donc que nous jouons la comédie pour rien? Mais la pauvre Marguerite, c'est autre chose, vous ne devinerez jamais à quelle extrémité elle a été réduite, il y a un an, car il y a un an je n'étais pas riche pour venir à son aide.

— Parlez! parlez!

— Eh bien, la pauvre enfant, elle s'est résignée à prendre le voile aux Carmélites. Comprenez-vous tout ce qu'elle a dû souffrir avant d'en arriver là, sans compter les souffrances du cœur?

— Le ciel soit loué pour Marguerite! dit M. de Parfondval; celle-là, au moins, priera Dieu pour sa mère coupable.

— Coupable ! s'écria Béatrix, coupable ! On vous a trompé.

— Enfant que vous êtes, est-ce que j'accuserais votre mère, si elle était restée digne de mon cœur, car je l'ai mais profondément !

— Vous avez beau dire ; ma mère a peut-être été faible par le cœur, toutes les femmes le sont ; mais au moins tous les enfants qu'elle vous a donnés sont bien les vôtres.

— Pauvres filles, qui vous l'a dit ?

— Celui qui nous a recueillies, celui qui nous a nourries de son pain, car il connaissait bien ma mère. D'ailleurs, c'était le bruit du pays. Ne savez-vous donc pas ce qui se disait là-bas ? On disait que vous aviez fui ma mère en l'accusant injustement.

— Je n'aurai pas la cruauté, reprit tristement le malade, de vous dire que j'ai eu raison. Nous sommes loin de ces événements qui ont gâté ma vie ; si Dieu a pardonné à votre mère, je lui pardonne.

— Pardonnez-lui dans ses enfants.

— Eh ! mon Dieu, je voudrais croire qu'ils sont les miens...

— Quel aveuglement ! Est-ce parce que vous avez devant les yeux une comédienne ? Allez, c'est bien une Parfondval. Je n'ai jamais donné de conseil à personne, pas même à moi ; cependant, aujourd'hui, permettez-moi de vous en donner un.

— Pauvre enfant, que me conseillerez-vous donc ?...

— Je vous conseillerai de ne pas ajouter une cruauté à toutes vos cruautés. La mère n'a-t-elle pas été assez punie par votre abandon ? Les filles n'ont-elles pas assez longtemps porté la peine de leur mère? Croyez-moi, je ne parle pas pour moi, mais pour ma sœur, car je suis bien sûre que la pauvre fille ne vivra pas longtemps dans cette solitude des Carmélites. Déchirez le testament que vous venez de signer, faites qu'elle ait sa part de votre fortune. N'en restera-t-il pas assez à celle qui a eu toute votre tendresse depuis vingt ans?

— Mais, madame, vous ne savez pas ce que vous dites; si je croyais que vous fussiez mes filles, vous et votre sœur, si j'avais même un doute, le doute le plus vague, pensez-vous donc que j'eusse signé ce testament? Je ne puis reconnaître que ma fille; à ma fille seule appartient toute ma fortune. Je veux bien, en considération de tout ce qui s'est passé, vous accorder à toutes les deux...

— Vous devriez comprendre, interrompit vivement Béatrix, que nous ne pouvons accepter. Si nous sommes vos enfants, nous demandons ce qui nous est dû; si vous ne voulez pas nous reconnaître, nous n'accepterons pas une obole, car nous ne venons pas mendier à votre porte.

M. de Parfondval était de plus en plus ému; la voix de Béatrix était la voix d'Amélie : il écoutait parler la comédienne tout à la fois avec douleur et avec amour. Cette voix l'avait rajeuni de vingt ans. Toute sa vie lui semblait un rêve.

— Mon enfant, dit-il en ressaisissant la main de Béatrix, est-ce votre cœur qui vous dit que je suis votre père?

Au lieu de répondre, Béatrix se jeta dans les bras du comte de Parfondval; il la pressa sur lui avec effusion.

— Ma fille, ma fille! s'écria-t-il d'une voix brisée, vous êtes ma fille, dites-moi que vous êtes ma fille!

Béatrix était assise sur le lit; elle appuyait ses lèvres sur la main du comte.

— On m'a dit, murmura-t-elle en pleurant, on m'a dit que vous étiez mon père; je vous ai longtemps attendu, car je ne pouvais croire à un oubli si profond : vous n'êtes pas venu; mais Dieu n'a pas voulu que vous mourriez sans me voir, car c'est Dieu qui m'a conduite ici.

Béatrix ne put arrêter une larme. La lumière des bougies frappait alors sur sa figure. M. de Parfondval, qui l'avait vue jusque-là dans l'ombre, ranima toutes ses forces pour la contempler.

— Oui, oui, dit-il en passant la main sur son front, vous êtes ma fille; Dieu me pardonnera-t-il d'avoir abandonné mes enfants? La vengeance m'a aveuglé.

Il avait pris les mains de Béatrix et l'attirait doucement vers lui pour l'embrasser; mais tout à coup il la repoussa.

— Qu'ai-je vu? Non, non, je ne me suis pas trompé, dit-il en regardant toujours Béatrix.

— Vous me faites peur.

— Ces yeux, reprit-il avec colère, ces yeux verts, ce sont les yeux verts de Pierre Marbault.

En prononçant ce nom, le comte jeta Béatrix hors du lit, et retomba mourant sur son oreiller.

Béatrix poussa un cri. Au même instant, madame de Fargiel se précipita dans la chambre.

Elle vit son père étendu sans mouvement, elle vit Béatrix agenouillée sur le tapis, se tordant les bras avec désespoir.

— Qu'y a-t-il?... qu'ai-je entendu?

La comtesse s'était arrêtée devant Béatrix.

Après un silence, elle reprit d'un ton impérieux :

— Madame, je vous ordonne de me dire ce qui s'est ssé entre mon père et vous.

Béatrix leva sans répondre ses grands yeux sur la comtesse.

— Est-ce que vous êtes venue pour assassiner mon père, madame !

— Ne parlez pas si haut, madame, dit Béatrix en se levant et en regardant madame de Fargiel des pieds à la tête, ne prenez pas ces airs d'impératrice ; je suis ici chez moi.

— Vous êtes ici chez vous ?

— Oui, car je suis, comme vous, une Parfondval.

Madame de Fargiel recula tout atterrée.

Elle n'avait presque jamais pensé à Clotilde et à Marguerite ; elle ne pouvait s'imaginer qu'elle dût les voir un jour.

Cependant Maurice était revenu dans la chambre, non moins surpris que madame de Fargiel.

— Voyons, dit-il, en essayant de rire, est-ce que la comédie dure encore ?

Il s'approcha de Béatrix.

— Madame, vous abusez un peu des droits de l'hospitalité.

Béatrix le regarda d'un œil hagard.

— Vous ne savez donc pas, dit-elle en élevant la voix, que je suis ici chez mon père ? Ce testament que vous n'avez pas signé et que vous ne signerez pas, était destiné à nous déshériter, ma sœur Marguerite et moi.

Maurice se tourna vers madame de Fargiel, qui ne savait
e dire, qui regardait tour à tour son père, Béatrix et
aurice.

— J'espère, madame, que vous ne prenez pas au sérieux cette scène ridicule.

Disant ces mots, Maurice lança à Béatrix un regard
courroucé.

— Une scène ridicule! C'est vous qui dites cela, Maurice, une scène ridicule, parce que je retrouve mon père
après un abandon de vingt ans!

Béatrix avait prononcé ces mots avec un accent profondément senti.

— Madame, dit Maurice à la comtesse, dites-moi ce
qu'il me faut penser de tout ceci. Béatrix est votre sœur?

La comtesse sourit avec dédain et avec colère.

— Ma sœur! ma sœur! cette comédienne! Ah! monsieur, épargnez-moi cette injure.

Béatrix courut au lit comme pour interroger le malade.

— S'il pouvait parler, dit-elle en voyant que M. de
Parfondval était toujours sans mouvement, s'il pouvait
parler, il vous confondrait. Mais l'heure viendra où vous
n'oserez plus mentir. N'avez-vous pas de honte! renier
votre sœur au lieu de vous jeter dans ses bras! Vous avez
raison, je ne suis pas votre sœur, du moins pour vous
aimer, car je suis votre sœur, comme Marguerite, pour
partager avec vous la succession de M. de Parfondval.

La scène devenait de plus en plus embarrassante pour
Maurice. Tout en voulant ne rien prendre au sérieux de
ce que disait Béatrix, il était vivement ému. Il regardait
tour à tour la belle figure impassible, quoique inquiète,

de madame de Fargiel, et la jolie tête aimée de la comédienne.

Cependant la garde-malade était rentrée; elle essayait de réveiller M. de Parfondval. Il était plutôt accablé par un profond assoupissement qu'évanoui.

— J'oubliais, dit tout à coup la garde-malade en se tournant vers Maurice, votre voiture vient d'arriver. Votre chasseur a trouvé des chevaux et un postillon sur la route de Luzarches.

— Maurice, partons à l'instant, dit Béatrix en allant vers le jeune comte. Il faut que j'aille trouver Marguerite. — Soyez tranquille, madame, poursuivit-elle en s'adressant à madame de Fargiel, je reviendrai. Quand mon père verra tout d'un coup ses deux enfants abandonnées, il retrouvera son cœur pour elles.

Disant ces mots, elle s'approcha du lit :

— Adieu, mon père, dit-elle tout doucement, souvenez-vous de ma mère, et n'oubliez pas vos filles.

Pendant qu'elle était devant le lit, madame de Fargiel s'approcha de Maurice.

— Monsieur, je demeure rue de la Ferme-des-Mathurins, n° 10, je vous attends demain à dix heures.

Maurice s'inclina en signe d'assentiment.

— Allons! dit Béatrix en essuyant une larme.

Elle tendit la main à Maurice, et sortit sans regarder sa sœur.

IX

LA FIN DU VOYAGE EN CALÈCHE

La calèche était au bas du perron. Maurice promit un louis au postillon, qui fit claquer son fouet avec un bruit joyeux.

— N'aurez-vous pas froid, Béatrix, car vous n'étiez pas préparée à voyager la nuit avec toutes ces dentelles?

— C'est vrai, je n'y pensais pas; mais vous passerez, en guise de cachemire, votre bras sur mon épaule, et vous m'appuierez sur votre cœur. — Rodrigue, as-tu du cœur? — Mais, à propos, monsieur, continua-t-elle, que voulaient dire toutes ces œillades entre vous et madame de Fargiel?

— Béatrix, dit Maurice, faisant tant bien que mal un cachemire à la comédienne dont l'épaule frissonnait déjà sous le vent humide de la nuit, si je ne vous aimais pas sérieusement depuis trois ou quatre heures, je crois que je l'aimerais par fantaisie, car elle est belle au moins.

— Vous vous étiez déjà vus, à ce qu'il paraît?

— Une fois, une seule fois... Ne vous ai-je pas dit que

j'avais *violemment* rencontré une comtesse, en sautant dans sa calèche aux Champs-Élysées?

— C'est celle-là! Maurice, je suis jalouse. Je vous enfermerai chez moi.

— Si vous voulez.

— Je suis folle, et je ne sais plus ce que je dis, Maurice, aimez-moi ; car, si vous ne m'aimiez pas, que deviendrais-je? Depuis ce matin, voilà que toute ma vie est changée. J'étais venue si gaiement à cette chasse à courre ; un triste pressentiment couvre mon cœur : j'ai beau me dire que je vous aime et que vous m'aimez, j'ai envie de pleurer.

— Vous êtes une enfant ; c'est la nuit qui vous attriste ainsi ; demain vous reprendrez, avec le soleil, toute votre folle gaieté.

— Non, je sens que c'est fini.

Béatrix pleurait.

— Quoi! dit Maurice un peu attendri, vous pleurez, vous qui n'avez jamais versé une seule larme ! C'est sans doute cette scène du château. Mais dites-moi la vérité : me suis-je trompé en devinant que vous étiez la fille naturelle de M. de Parfondval?

— Sa fille naturelle! Je suis sa fille, comme madame Fargiel elle-même.

— Expliquez-vous.

— Mon père, vous l'avez vu. Il habitait au château de Parfondval, avec ma mère et mes deux sœurs... Un jour, il revint de la chasse avec du sang à son fusil. En entrant au château, il demanda sa berline et partit avec l'aînée de ses filles, celle que vous venez de voir. Il ne reparut jamais. Ma mère mourut le jour même de son départ. Elle avait voulu lui parler, il n'avait pas voulu l'entendre. Nous restâmes orphelines, ma sœur Marguerite et moi.

Béatrix s'interrompit.

— Marguerite, ne l'avez-vous pas vue chez moi, rue de Buffault, il y a un an?

— Je ne m'en souviens pas, répondit Maurice. Qu'est-elle devenue?

— Oh! mon Dieu, c'est toute une histoire; sachez seulement qu'elle est aux Carmélites, à l'heure qu'il est.

— Aux Carmélites! s'écria Maurice; quel trait de lumière!

Maurice raconta à Béatrix sa singulière rencontre au couvent de la rue de Vaugirard.

— C'est peut-être ma sœur, dit la comédienne; cependant, si elle était libre depuis trois jours, elle serait déjà venue me voir! Faites-moi son portrait.

— Je n'ai pas eu le loisir de la voir beaucoup; si elle n'était devenue une sainte fille, vouée au Seigneur, je dirais qu'elle n'a soulevé son voile que pour me faire admirer la pureté idéale de ses traits et le doux éclat de ses yeux bleus. J'ai cru un instant voir apparaître une Vierge de Raphaël.

— C'est ma sœur. Mais si elle est libre, comment ne l'ai-je pas vue?

— Peut-être n'ose-t-elle plus aller chez une comédienne. A-t-elle d'autres amies?

— Oui, une pauvre fille qui grave de la musique, du côté de Saint-Sulpice. Sans doute Marguerite s'y sera réfugiée; mais nous nous aimons trop pour qu'elle crai-

6.

gne de me voir. Il faut dire que je suis bien coupable. Depuis quatre à cinq mois, j'étais si profondément perdue dans le tourbillon, que je ne trouvais pas une heure pour aller lui parler à la grille. Il faut dire aussi que cette manière de se parler est bien ennuyeuse. Si seulement il était permis de s'embrasser ou même de se voir !

— Je ne comprends pas que votre sœur se soit emprisonnée là.

— Que voulez-vous ! c'était bien assez d'avoir à répondre un jour de mes actions, qui sont un peu vives, sans me charger de celles de ma sœur.

Après un silence, Béatrix dit à son compagnon de voyage :

— Savez-vous que vous êtes dans une position fort singulière ; car, si j'ai bien compris, vous êtes un peu amoureux des trois sœurs.

— C'est vrai, répondit Maurice avec un accent convaincu ; mais, reprit-il en appuyant Béatrix sur son cœur, si je suis amoureux des deux autres, je n'aime que vous.

Quoique Béatrix n'eût pas toujours l'habitude d'entendre la délicatesse du langage, elle comprit.

— D'ailleurs, reprit Maurice, je crois bien que, si j'ai pris plaisir à voir votre sœur la comtesse et votre sœur la carmélite, c'est parce qu'elles m'ont rappelé quelque chose de vous.

— C'est cela, dit Béatrix d'un ton railleur... Mais je m'aperçois que nous entrons à Paris. J'arriverai à temps pour jouer mon rôle d'ingénue.

X

LE ROLE D'INGÉNUE

Maurice et Béatrix étaient donc sur le point d'arriver chez *lui* ou chez *elle*, à leur retour de la forêt de Chantilly.

— Oui, o i, nous n'y songions plus, dit Maurice ; il faut jouer ce soir votre rôle d'ingénue, ma pauvre Béatrix !

— Quand je ferais manquer la pièce, remarqua-t-elle, je n'y vois pas grand mal.

— Et les bouquets que les lions et les ours de l'avant-scène ont apportés pour vous?

— Ce ne sont pas des bouquets de diamants.

— Songez avec charité à ce pauvre vaudevilliste, né malin.

— Ils sont six.

— Alors la pièce est six fois moins spirituelle.

Il y a pourtant un joli couplet final que je devais anter.

— Eh bien, dit résolûment Maurice, si nous arrivons à

temps, vous jouerez gaiement votre rôle, car nous tournons un peu trop à l'élégie et à la pastorale.

Ils arrivaient devant le théâtre en question. Le régisseur désespéré accourut au-devant de Béatrix.

— Mais, madame, vous ne savez donc pas que je suis responsable ?

— Je sais, dit gaiement Béatrix, qu'il y va de votre tête.

— Vous ne savez donc pas que la pièce est commencée ? On a sifflé pendant une heure, on a brisé les violons, on a chanté *la Marseillaise*, et tout cela, parce que vous vous promeniez sans doute en belle humeur. Le directeur est si furieux, qu'il m'a défendu de rentrer sans vous dans les coulisses.

— Eh bien, mon cher, il s'en est peu fallu que Votre Excellence ne couchât à la belle étoile.

Béatrix, suivie du comte d'Orbessac, s'était élancée, plus vive qu'un jeune daim, vers sa loge. En moins de cinq minutes, sa femme de chambre, qui l'attendait là, l'avait coiffée et habillée en paysanne. Elle se précipita sur la scène. Elle rencontra le directeur, qui avisait à lui tout seul. En homme d'esprit, il la laissa passer sans lui dire un mot. Dès qu'elle fut devant les spectateurs, elle s'aperçut qu'elle avait presque oublié son rôle. Elle devait débuter par un monologue sur ce thème rebattu : *Comment l'esprit vient aux filles*. Le souffleur avait beau crier, elle ne pouvait coudre deux mots ensemble. Elle prit vaillamment son parti. « Comment l'esprit vient aux filles ? Je ne vous le dirai pas, parce que je le sais bien. »

Une conversation assez galamment scandaleuse s'établit à tous les coins du théâtre; les malins s'imaginèrent que c'était une scène préparée; on applaudit à outrance. Le soir même, les six auteurs se réunirent en conseil, avec le directeur comme président, pour savoir ce qu'il y avait à faire. Ils convinrent d'ajouter à leur pièce la scène improvisée par hasard; on dut proposer à Béatrix des droits d'auteur.

Son triomphe fut éclatant : elle n'avait jamais paru plus belle. Mais ce fut surtout au couplet final qu'on l'étouffa sous les roses et sous les bravos.

Maurice l'attendait dans la coulisse.

— Béatrix, vous êtes adorable! Je vous enlève et ne vous quitte plus. Aujourd'hui seulement je comprends toute la folle et aveugle passion qui nous entraîne vers les comédiennes. Nous les admirons par tous les yeux des spectateurs, et nous sommes jaloux des mille regards qui tombent sur elles. Le premier degré après le trône, c'est le théâtre; ne pouvant aimer des reines, nous aimons des comédiennes.

Tout en berçant Béatrix de ces paradoxes, Maurice la conduisait chez elle, rue de Provence.

XI

HISTOIRE DE BÉATRIX

Mais n'est-ce point ici le lieu de raconter sommairement l'histoire de Béatrix ; car jusqu'ici nous la connaissons si peu, que nous savons à peine son nom ?

Elle s'appelait Béatrix ; s'il fallait l'en croire (excepté nous-mêmes, personne ne la croyait sur ce point), elle avait le droit de signer ses lettres galantes Béatrix de Parfondval ou Béatrix de Béthisy. Mais que lui importait à elle, qui jouait la comédie, que leur importait à eux qui la voyaient jouer, qu'elle fût la fille de M. le comte de Parfondval ?

Elle était venue à Paris n'ayant pas encore quinze ans. Elle avait jusque-là vécu dans le silence d'un village du Bourbonnais ; on s'était donné beaucoup de peine pour l'instruire, mais elle s'était donné beaucoup de peine pour ne rien apprendre.

C'était une charmante étourdie, toujours gaie, toujours rieuse, quoi qu'il arrivât, n'ouvrant jamais un livre, ne omprenant rien à la grammaire non plus qu'à la géo-

graphie. Cependant il y avait sur la carte de France un
petit point noir qui l'attirait, comme l'oasis attire le
voyageur; ce point noir c'était Paris, Paris, l'enfer des
fêtes et des enchantements pour les filles d'Ève qui ont
soif des pommes du paradis retrouvé.

Béatrix de Parfondval avait le pressentiment que sa vie
s'épanouirait là. Aussi, quand mourut celui qui depuis
treize ans lui servait de père, quand on lui annonça qu'elle
allait partir pour Paris, où elle devait, sur la recommandation du défunt, entrer au Conservatoire pour y étudier
la musique et le chant et l'enseigner ensuite, car elle
avait une fort belle voix, ce fut pour elle une joie sans
pareille. Mais elle perdit sa voix et passa à la déclamation. Elle passa surtout à l'amour, car l'amour a aussi
ses professeurs au Conservatoire.

Elle y demeura trois ans, de moins en moins comédienne. On n'avait réussi qu'à gâter sa charmante nature
en la forçant de retenir des rimes sans nombre qui n'étaient
pour elle ni des pensées ni des sentiments.

Ses maîtres avaient d'abord songé à faire d'elle une
tragédienne; après une année d'étude, il fut décidé en
comité sérieux qu'elle était plus propre à la comédie.
Elle débuta, il y a à peu près deux ans, au théâtre du Vaudeville; mais elle n'y eut de succès que dans les coulisses.

Après une épreuve aussi décisive, on lui donna la liberté
d'aller jouer ailleurs. Elle était sans ressources; ceux
qui lui avaient donné une si belle éducation théâtrale
avaient réussi sans peine à épuiser le peu qu'elle avait
d'argent à son arrivée à Paris. Elle n'aurait pu trouver de
quoi vivre qu'en donnant des leçons de musique; mais

elle n'était pas née seulement pour vivre, elle était née pour bien vivre.

Elle voulut à toute force se jeter dans l'enfer du théâtre malgré les trop sages exhortations de quelques personnes pieuses qui l'aimaient et qui tremblaient pour sa vertu. Un directeur de théâtre avait compris qu'il y a deux choses qui font la vogue d'une actrice : la première, la figure ; la seconde, l'esprit. Aussi, quand Béatrix se présenta au directeur dont nous parlons, il la regarda et lui offrit six mille francs avant qu'elle ouvrît la bouche. On signa un dédit de vingt mille francs. Le directeur avait calculé juste. « Je la payerai pendant six mois à cinq cents francs, ci. . . . . . , ... , ...   3,000 fr.

Elle quittera le théâtre, parce qu'elle est trop jolie pour y demeurer ; celui qui l'enlèvera me comptera vingt mille francs, ci. . .   20,000 fr,

Tout compte fait, c'est un engagement de dix-sept mille francs en ma faveur, ci. . . .   17.000 fr.

Béatrix fut effrayée de cette bonne fortune ; dès ce jour elle perdit le peu de raison qu'elle avait. Elle donna dans tous les charmants travers des comédiennes.

Béatrix, depuis qu'elle était célèbre au théâtre des Variétés, mais célèbre surtout dans la jeunesse dorée, habitait un somptueux appartement dans la rue de Provence. On n'avait jamais plus insolemment répandu le luxe et le faste des reines d'autrefois et des comédiennes d'aujourd'hui.

Cet appartement se recommandait surtout par l'éclat des peintures. Diaz y avait peint des dessus de porte d'une lumière adorable. Trois ou quatre habiles décorateurs de l'Opéra avaient métamorphosé les plafonds en Olympe et en Éden, mais surtout en paradis de Mahomet.

Dans le salon, une Diane au bain, œuvre voluptueuse de Baudry, s'encadrait au-dessus de la glace de la cheminée. Cette Diane répandait un grand charme par son sourire pipeur et par ses épaules ruisselantes. Elle ne se baignait pas pour elle, mais pour ceux qui la regardaient. Béatrix avait elle-même posé pour cette Diane; il est probable que le peintre n'avait consenti à signer son œuvre qu'à cette condition. Nous ne serons pas de ceux qui blâmeront Béatrix : depuis qu'une princesse a laissé tomber sa robe devant Canova, comme autrefois Vénus sortant des eaux, il est admis que les plus belles surfaces appartiennent aux arts.

Quoique éclairé par trois fenêtres, ce salon était le plus souvent dans le demi-jour. Des rideaux de velours d'un rouge sombre arrêtaient l'éclat de la lumière. Il n'y avait que la nuit, au rayonnement des mille bougies des candélabres, qu'on pouvait admirer à loisir toutes les poétiques richesses de l'ameublement.

Ce qu'il fallait surtout admirer, c'était une cheminée de marbre de Carrare, sculptée d'après un dessin de vase antique du Vatican. Deux galantes cariatides épandaient d'une main les flots de leur chevelure et soutenaient de l'autre un bas-relief, où le sculpteur avait représenté la danse des Muses. Il y avait sur la cheminée une pendule travaillée sur ébène et sur écaille; une merveille de quelque Boule anonyme d'aujourd'hui; deux candélabres d'argent ciselé par quelque vieil artiste inconnu qui avait étudié sans doute le maître florentin; enfin, deux gigantesques coupes du Japon, aux vives et fraîches couleurs, où l'on aurait pu sans métaphore planter deux orangers. Le meuble ne présentait aucune époque distincte. Béatrix, qui avait l'instinct des arts, avait emprunté çà et là au moyen âge, à la renaissance, mais surtout au règne de Louis XV, ses étagères, ses fauteuils, ses canapés et ses consoles.

Un petit boudoir attenait au salon; ce boudoir, des plus coquets et des plus amoureux, était tendu de velours bleu; un lustre en porcelaine de Saxe suspendait au-dessus d'une table en mosaïque toutes ses roses épanouies. Sur la table étaient éparses de ravissantes chinoiseries, autour d'un beau lis naturel qui venait de fleurir symbole de l'innocence de Béatrix!

XII

LES MÉTAMORPHOSES DE L'AMOUR

Béatrix conduisit Maurice dans le boudoir ; elle y revint bientôt dans le plus joli négligé du monde, une robe ouverte, de soie grise à guirlandes de roses enlacées, dessinait galamment ses contours plus orgueilleux que délicats.

Quand Béatrix se fut assise sur le divan, à côté de son compagnon de voyage, quand elle eut penché languissamment les boucles de ses cheveux sur le front rêveur de Maurice, elle lui dit :

— A quoi pensez-vous ?

— Ne le savez-vous pas ?

— Oui, vous pensez à moi ; mais vous pensez aussi à mes sœurs.

— Voyons, Béatrix, tout ce que j'ai vu aujourd'hui, tout ce que vous m'avez dit, c'est encore une énigme pour moi. Racontez-moi tout naïvement votre histoire.

— Est-ce que je m'en souviens, surtout quand vous êtes là ?

Et comme Maurice insistait :

— Attendez, dit-elle, je me rappelle que celui qui nous a élevées, mais qui est mort trop tôt, me demanda un soir et me dit devant le curé qui venait de le confesser :

» — Béatrix, je vais mourir et vous laisser seules, vous et votre sœur, sans avoir pu découvrir si votre père existe encore. J'ai fait ce que j'ai pu ; Dieu m'est témoin que, depuis douze ans, je n'ai pensé qu'à vous, mes pauvres enfants ; j'ai fini par vous aimer comme aurait dû vous aimer votre père. Je vous laisse à peine de quoi vivre pendant quelques années, car la petite ferme de Béthisy n'avait presque plus de valeur quand je l'ai louée pour vous. Aussitôt que je serai mort, vous partirez pour Paris, où ma cousine Lefébure veillera sur vous avec toute la sollicitude d'une mère ; j'ai tout expliqué pour votre voyage à votre gouvernante : Dieu ne vous abandonnera pas. D'ailleurs, j'espère encore que vous retrouverez votre père. »

» En disant ces mots, le pauvre homme prit parmi les papiers épars sur son lit une lettre cachetée, à l'adresse de M. le comte de Parfondval.

» — Si jamais vous rencontrez votre père, remettez-lui cette lettre, car cette lettre, pour vous, c'est une fortune. Cette lettre lui prouvera, je n'en doute pas, qu'il s'était trompé en accusant votre mère. »

— Et cette lettre précieuse ? dit Maurice en s'animant.

Béatrix se leva et alla prendre sur l'étagère un coffret d'ébène qui s'ouvrait avec une petite clef d'argent que Béatrix portait à sa châtelaine.

— Voilà, dit-elle.

Elle ouvrit le coffret et le présenta au comte d'Orbessac. Il prit la lettre d'une main respectueuse, et regarda tour à tour d'un air pensif le cachet et la suscription.

— Il paraît, dit Béatrix avec émotion, que ma mère a écrit cette lettre une heure avant de mourir.

— Très-bien! dit Maurice; j'espère que cette lettre sera un testament plus sérieux que celui de ce soir; dites-moi mot à mot ce que vous savez de l'histoire de votre famille.

Béatrix raconta tant bien que mal cette histoire qu'elle avait apprise dans le Bourbonnais, où tout le monde la racontait. Maurice comprit que M. de Parfondval avait abandonné ses deux petites filles, dans l'horrible idée qu'elles étaient les filles de l'amant de sa femme.

— Je veux, dit-il d'un air résolu, qu'il sache la vérité avant de mourir. La mémoire de votre mère sera vengée. Vous arriverez avec les mêmes droits que madame de Fargiel à la succession de M. de Parfondval. Il n'y a pas un moment à perdre pour convaincre le comte; car, si sa fortune n'est pas en terres ou en maisons, il pourrait de la main à la main tout donner à madame de Fargiel. Je dois la voir demain; peut-être parviendrai-je à lui faire entendre raison, même avant d'avoir remis ou plutôt lu cette précieuse lettre à M. de Parfondval.

— Maurice, dit la comédienne en regardant le jeune comte avec une tendresse inaccoutumée, tout cela m'occupe l'esprit; ces espérances qui viennent de naître sous mes yeux comme par enchantement, je les donnerais pour vivre une heure de plus avec vous. Expliquez-moi donc pourquoi je vous aime tant?

Maurice prit les deux mains de Béatrix dans les siennes :

— Est-ce que l'amour s'explique ? dit-il en la regardant avec passion.

Leurs yeux s'étaient rencontrés : Béatrix tressaillit et appuya son front sur l'épaule de Maurice.

— Je vais pourtant, lui dit-il avec un sourire, vous expliquer notre passion subite. Je vous aime parce que vous êtes charmante ; et vous, vous m'aimez parce que je vous aime.

— Oui, oui, je vous aime et c'est bien vous que j'aime ; ce n'est plus ni le plaisir, ni le luxe, ni les fêtes, ni les folies. Quelle métamorphose depuis hier ! Je ne me reconnais plus, mais je suis fière de sentir mon cœur battre.

Maurice était, en amour, plus panthéiste que spiritualiste, surtout quand il se trouvait avec des comédiennes ; il ne comprenait pas la métamorphose qu'avait subie Béatrix ; il ne croyait pas, car c'était un esprit fort, que l'amour pût régénérer et faire refleurir si soudainement le cœur d'une comédienne. Aussi lui dit-il en riant :

— Il te sera beaucoup pardonné, parce qu'elle aura beaucoup aimé... Maurice d'Orbessac.

— Ah ! Maurice, vous raillez, vous êtes cruel ; si vous saviez comme aujourd'hui tout est sérieux pour moi !

— Voyons, Béatrix, ne tournez pas trop à l'élégie, on peut s'aimer et rire. Remarquez que nous n'avons pas de temps à perdre en sentimentalisme exagéré, songez que ce pauvre prince viendra demain.

— Le prince, jamais ! dit vivement Béatrix.

— Alors ce sera...

Maurice chercha, en retroussant ses moustaches, un nom parmi les habitués des coulisses.

— Un autre, dit-il pour ne pas se tromper.

— Vous êtes méchant ! Est-ce que l'expiation commence déjà pour moi ?

Béatrix repoussa la main de Maurice, et recula au bout du divan.

— Allons, allons, ne vous effarouchez pas, dit le jeune comte en allant à elle, je suis tout prêt à faire pénitence avec vous.

Et, partant de là, il lui fit un très-beau discours sur la vertu, toujours en raillant. Sans doute le discours dura longtemps, car Maurice ne retourna chez lui que vers dix heures du matin.

Il fuma un cigare, cherchant à secouer un peu le roman confus qui s'emparait de son cœur.

Il y avait ce jour-là course de chevaux au bois de Boulogne. Malgré son émotion, il ne voulut pas perdre l'occasion de remporter un premier prix ; c'était, d'ailleurs, le plus clair de ses revenus.

Un peu avant quatre heures, il se présentait chez madame de Fargiel, tout en songeant encore à l'aventure des Champs-Élysées.

C'est un beau rêve, se disait-il ; mais ce n'est qu'un rêve interrompu par un réveil trop prompt. Je croyais avoir rencontré une vraie femme ; mais j'ai déjà trop bien vu que c'est la soif de l'or qui dévore ces belles lèvres, qui semblent du feu, mais qui sont glacées. De ces deux sœurs, je crois que la comédienne est celle qui n'a jamais mis le pied sur les planches.

Maurice avait raison : Béatrix était un de ces cœurs naïfs qui vont sans détour où la passion les emporte ; la comtesse de Fargiel était trop une femme d'esprit ; elle avait appris de bonne heure que, dans une société de convention, gouvernée par des lois, des modes et des coutumes arbitraires, quiconque se laisse aller aux mouvements impétueux d'un cœur de vingt ans va tout droit à l'abîme. Elle avait remarqué trop souvent que le pouvoir des femmes ne se soutient si haut qu'en entassant sous lui mensonge sur mensonge. Pendant que Béatrix débutait au théâtre, elle jouait la haute comédie dans les salons ; pendant que sa sœur se mettait du rouge dans la coulisse, elle étudiait son masque devant un miroir.

XIII

L'AMOUR DE L'OR

Maurice sonna avec quelque émotion, en homme qui ne sait pas dans quel chemin il va s'engager.

Le valet annonça M. le comte Maurice d'Orbessac.

— Je vous attendais avec impatience, lui dit la comtesse avec son plus charmant sourire.

Maurice alla s'asseoir silencieusement devant elle dans un petit fauteuil couvert d'une housse, car le luxe de la comtesse n'était pas à la hauteur de celui de la comédienne. La plus riche des deux, c'était celle qui n'avait rien, puisqu'elle avait l'art de dépenser beaucoup d'argent dans ces charmantes superfluités qui font la joie des yeux. Chez madame de Fargiel, tout était convenable, mais rien n'était joli; c'était le luxe de ces gens riches qui n'ont pas le sentiment des arts, qui aiment l'or pour lui-même, et non pas ce qu'il donne.

Elle occupait un vaste appartement, un peu désert et un peu triste, qui n'avait jamais l'air habité. Il y avait des meubles d'or et de soie, mais presque toujours recouverts de ces froids et mornes linceuls qu'on appelle housses. Nous ne comprenons pas les housses; nous croyons fermement que ces robes de chambre ne furent inventées que par quelque gentilhomme ruiné, inspiré par un Caleb qui voulait faire croire que les meubles de la maison étaient neufs.

Maurice ne fut donc pas charmé, dans son premier coup d'œil, du salon de madame de Fargiel.

— Eh bien, monsieur, dit la comtesse sans trop savoir comment elle devait débuter, avez-vous accompagné la comédienne à son théâtre?

— Madame, je l'ai accompagnée jusque chez elle.

— Ah!.. Ces drôlesses habitent donc quelque part?

Maurice, qui était sérieux, ne jugea pas à propos de répondre. Madame de Fargiel poursuivit en se mordant les lèvres :

— Est-ce qu'elle a continué la plaisanterie? Est-ce qu'elle s'imagine toujours que mon père a eu tort de l'oublier dans son testament?

— Oui, madame, répondit Maurice. Peut-être ne savez-vous pas toute cette histoire; sans doute M. de Parfondval, qui vous a emmenée bien jeune d'un pays où vous ne deviez jamais retourner, n'aura pas voulu vous entretenir...

— Je sais tout, dit vivement madame de Fargiel. Hier, quand vous fûtes partis, mon père, revenu de son assoupissement, m'appela et me parla de ma mère. Il me dit que cette comédienne qui venait le troubler à sa dernière heure...

— Était votre sœur?

— Ma sœur! ma sœur! murmura madame de Fargiel avec ennui.

— Mon Dieu! madame, il n'y a pas de quoi vous désoler, car, après tout, mademoiselle Béatrix de Parfondval est une jolie fille, pleine de cœur et de grâce...

— Mais, encore une une fois, monsieur, elle n'est pas ma sœur. C'est ma sœur par hasard, car certes elle n'est point la fille de mon père : une Parfondval ne fût pas devenue comédienne.

— Des préjugés, madame, toujours des préjugés. Shakspeare et Molière étaient comédiens; quel est celui qui refuserait d'être leur frère?

— Eh bien, c'est ma sœur si vous voulez; que m'importe après tout!

— Ah! je vous demande pardon, madame; remarquez bien que si Béatrix est votre sœur, ceci n'est plus un doute, même pour vous, les dispositions testamentaires de M. de Parfondval vont être singulièrement modifiées ; car, je ne sais si vous l'ignorez, Béatrix ne sera pas seule à vous disputer le succession.

— Oui, je sais tout ; la comédienne a une sœur. Mais, croyez-le bien, monsieur, je ne me résignerai jamais à prendre tout cela au sérieux.

Madame de Fargiel s'était animée; un certain accent de colère venait de percer dans ses paroles. Après un silence :

— Mais, plus j'y pense, monsieur, et plus je trouve extraordinaire que vous vous soyez fait l'avocat d'une mauvaise cause. Vous trouvez donc du plaisir à devenir mon ennemi?

En disant ces derniers mots, la comtesse de Fargiel avait regardé Maurice avec des yeux un peu trop tendres.

— Votre ennemi, madame! Eh! mon Dieu! ne savez-vous donc pas, ne voyez-vous donc pas que je vous aime avec passion?

Madame de Fargiel eut un mouvement de dignité. Elle fut sur le point de se lever pour faire comprendre à Maurice qu'il avait été trop loin. Mais s'il persistait à lutter avec elle, Maurice ne pouvait-il pas lui faire perdre les deux tiers de la succession du comte de Parfondval? Elle aima mieux prendre un air moqueur.

— Vous m'aimez, monsieur? dit-elle en souriant; je n'en crois pas un mot.

Maurice lui avait vaillamment saisi la main.

— Veuillez vous souvenir, madame, qu'il n'y a pas huit jours, je vous ai rencontrée, par une bizarrerie du sort, comme un de ces rêves charmants qui passent et qui reviennent quelquefois dans la vie. Vous étiez belle comme aujourd'hui, comme vous le serez demain; c'est tout un roman digne des autres Champs-Élysées.

— Oui, vous avez raison, dit madame de Fargiel d'un air rêveur, un roman que je voudrais oublier!

Elle pencha la tête et rougit.

— Attendez au moins, pour oublier, que le roman soit fini.

Madame de Fargiel ne répondit pas : Maurice la regardait avec un sentiment de dédain et d'amour. Il admirait les ondulations de ce beau cou, gracieux comme celui des cygnes, qui portait une tête si fière et si délicate, dont tous les contours étaient exquis; il aimait ce corps souple et flexible comme un roseau ; il était fou de cette main blanche qui jouait avec les boucles de sa chevelure, et de ce pied de fée, coquettement posé sur un coussin.

Mais tout en admirant cette perfection presque idéale de la forme visible de la comtesse, il sentait vaguement qu'une âme perverse, un cœur sans battements, se cachaient là-dessous. En un mot, il était amoureux et n'aimait point. Après un silence, il dit à la comtesse :

— Avec une beauté comme la vôtre, pouvez-vous douter un instant quand on dit :

« Je vous aime! »

» Mais, à coup sûr, ceux qui se laissent séduire par tant de charmes sont bien à plaindre ; car vous êtes trop belle pour aimer autre chose que votre beauté.

— Ma beauté, dit madame de Fargiel avec un sourire adorable, je ne la connais pas, je ne l'ai jamais vue.

— Pour moi, madame, je n'ai eu le bonheur que de l'entrevoir un instant, je vous jure que je vivrais un siècle sans oublier un trait, un contour, une nuance de cette adorable figure.

Maurice se contentait de dire des banalités avec l'accent de la passion ; mais, comme c'était un homme d'esprit, il ne perdait pas de vue les chemins de traverse.

Il s'était d'abord levé ; bientôt il s'était assis comme par distraction à côté de madame de Fargiel. Cela s'était fait si naturellement, Maurice avait un air si naïf dans son enthousiasme et dans sa passion, que madame de Fargiel ne songea pas à s'en apercevoir.

Une minute auparavant, elle avait eu le dessein de se laisser aimer par Maurice, mais tout simplement pour le détourner de la cause qu'il voulait plaider auprès de M. de Parfondval; maintenant, quoique avant tout ce fût une femme de tête et non une femme de cœur, elle se laissait un peu entraîner par les paroles passionnées, par l'élégance, par la belle figure et par l'esprit de Maurice.

Cette main blanche qu'il avait vantée, Maurice la tenait dans les siennes; deux fois il l'avait déjà baisée, sans que madame de Fargiel eût pu se fâcher, tant il y mettait d'exquise galanterie.

Ce n'est pas tout : ce cou si mollement incliné qui indiquait tant de volupté dans le sentiment, Maurice l'effleura de ses lèvres de feu.

Madame de Fargiel jugea qu'il était temps de sortir de cette rêverie charmante.

— Remarquez, dit-elle à Maurice d'un air railleur, que ce n'était pas pour cela que je vous avais prié de venir ici.

— A propos, demanda Maurice sur le même ton, que voulez-vous donc me dire?

— Je ne sais plus.

Madame de Fargiel avait prié Maurice de venir chez elle pour savoir si Béatrix continuerait à faire reconnaître ses droits comme fille de M. de Parfondval; mais elle ne voulait pas avouer à Maurice qu'elle l'avait fait appeler pour l'interroger à ce sujet.

— Je crois, reprit-elle d'une voix douce en regardant Maurice avec une tendresse inexprimable, je crois que je vous avais prié de venir me voir, parce que je voulais vous proposer...

— Je vous écoute.

— Non, non, c'est une folie.

— Dites toujours, cela doit être charmant.

— Je voulais vous prier de ne plus revoir cette comédienne.

La comtesse avait à dessein laissé percer un accent de jalousie.

— Madame, c'est impossible ; il y a beaucoup de choses impossibles, il est vrai, que je serais heureux de tenter pour vous ; mais vous devez comprendre que, au moment où je me charge des intérêts de Béatrix, il faut, à toute force, que je la voie.

Madame de Fargiel se leva vivement et alla s'asseoir sur un fauteuil.

— Vous l'aimez donc, cette fille? dit-elle d'un air profondément outragé.

Maurice fut presque surpris par son attitude fière et menaçante. Il ne l'avait jamais vue si belle. Madame de Fargiel, comme les tragédiennes grecques, était plutôt faite pour la haine que pour la tendresse. Pour la voir dans toute sa splendeur, il fallait la voir dans un mouvement de colère à demi dompté.

— Je suis vraiment désolé, madame, de ne pouvoir vous rapprocher de Béatrix.

— Jamais, monsieur.

— Songez qu'à son lit de mort M. de Parfondval aurait vu avec un sourire de joie ineffable, comme le pardon de son injustice, ses trois filles s'embrasser dans une effusion de cœur.

— Ce sont là des phrases ; c'était bon il y a dix ans ; je sais ce que je dois à l'amour de mon père et à la mémoire de ma mère. Du jour où madame de Parfondval fut coupable, elle ne fut plus ma mère : pourquoi voulez-vous donc que ses deux filles soient mes sœurs?

— Vous êtes bien cruelle, madame, de la condamner sans l'entendre, comme ces juges endormis qui ne prennent pas la peine d'écouter l'accusé.

Disant ces mots, Maurice tira de sa poche la lettre que lui avait confiée Béatrix.

— Voilà, dit-il en présentant cette lettre à madame de Fargiel, voilà qui vous fera reconnaître jusqu'à quel point vous avez été injuste.

Madame de Fargiel saisit la lettre d'un air calme, bien qu'un secret instinct l'avertit que c'était l'écriture de madame de Parfondval.

— Ma mère! s'écria-t-elle en pâlissant.

— Vous voyez bien que c'est votre mère, dit Maurice d'un air de triomphe; car vous avouerez que c'est votre cœur qui vient de parler.

La comtesse, tout atterrée, ne répondit pas; elle regardait la lettre, la retournait, la regardait encore.

— Cette lettre, dit Maurice, c'est un testament qui sera plus valable que celui d'hier. Quand M. de Parfondval l'aura lue, quand il aura...

— Mon père! Cette lettre sera remise à mon père? demanda madame de Fargiel en regardant Maurice avec anxiété.

— Oui, madame, Béatrix la lui remettra demain.

— Demain?

— Si elle m'avait écouté, madame, elle fût allée aujourd'hui même au château de Marvy ; mais elle attend sa sœur ou plutôt elle la cherche, car, par une circonstance bizarre, mademoiselle Marguerite de Parfondval a quitté depuis trois jours le couvent des Carmélites.

— Ah! Marguerite était au couvent? dit madame de Fargiel d'un air distrait, car elle était toute préoccupée par la lettre de sa mère.

— J'espère, madame, que vous assisterez, au château, à la lecture de cette lettre; je ne doute pas que ce ne soit pour votre cœur une vraie fête que d'apprendre par elle-même l'innocence de votre mère.

— Cette lettre ne parviendra pas à mon père.

— Pourquoi, madame?

— Parce que le souvenir de cette femme qui a gâté sa vie serait un coup fatal dans l'état où il est.

— Je pense, au contraire, que cette lettre d'une mourante à un homme qui va mourir; cette lettre, toute de paix et d'amour, ranimera son cœur et prolongera peut-être sa vie.

— Vous penserez, monsieur, tout ce qu'il vous plaira; pour moi, je suis décidée à garder cette lettre.

Maurice s'approcha d'un air gracieux de madame de Fargiel.

— Madame, dit-il en tendant la main, voulez-vous me rendre la lettre de votre mère?

— Non, dit la comtesse d'un air résolu.

Madame de Fargiel se leva et alla droit à la cheminée. Il y avait du feu.

— Mais, madame...

Maurice devança la comtesse avec épouvante.

— Ne trouvez-vous pas, dit-elle d'un air adorablement gracieux, qu'il fait encore bien froid le matin?

— Je trouve, madame, qu'il fait aujourd'hui le plus beau soleil du monde.

Maurice s'était nonchalamment appuyé sur le manteau de la cheminée. Madame de Fargiel s'était indolemment renversée sur un fauteuil pour chauffer ses pieds, ou plutôt pour les montrer au feu.

Elle était charmante ainsi ; jamais coquette du monde ou du théâtre ne s'était assise avec tant d'art.

Maurice, qui ne perdait pas de vue la lettre, ne put s'empêcher d'admirer la grâce presque provocante de la comtesse. Après l'avoir admirée en silence, il se rapprocha d'elle imperceptiblement ; il voulut lui parler, mais la parole s'arrêta indécise sur ses lèvres. Il ne savait comment lutter avec cet ennemi dangereux.

— Que vouliez-vous me dire? demanda la comtesse d'un air railleur.

— Je voulais vous dire, madame, que vous êtes toujours belle, quelle que soit la situation où vous vous trouviez, quelle que soit l'idée qui occupe votre âme, quel que soit le mouvement de votre corps. Il y a des femmes qui sont nées pour aimer, il y en a pour être bonnes, il y en a pour être vertueuses : vous êtes née pour être belle.

— Vous déguisez à merveille l'épigramme sous le compliment.

— Mais ce n'est point ici l'heure de faire des compliments ni des épigrammes, vous connaissez ma profession de foi sur votre beauté ; elle est écrite sur votre main.

Disant ces mots, Maurice saisit galamment la main et la lettre.

Madame de Fargiel laissa la main, mais, avec l'autre, reprit rapidement la lettre.

— Je vous dis, monsieur, que cette lettre ne sera pas remise avant huit jours à M. de Parfondval.

— Mais, dans huit jours, madame, M. de Parfondval sera mort!

— Dieu le sait, moi je ne puis que veiller à la paix de ses derniers jours.

Maurice, qui était demeuré penché au-dessus de madame de Fargiel, s'aperçut qu'elle essayait de jeter la lettre au feu.

— Oh! non, non, dit-il d'une voix ferme en saisissant violemment la lettre. Mais vous ne vouliez pas la jeter au feu? Brûler un pieux testament qui va réhabiliter la mémoire de celle que vous avez appelée votre mère! Et ce sacrilége, pourquoi l'eussiez-vous commis? Pour que de pauvres filles, depuis vingt ans abandonnées, ne vinssent pas prendre leur part bien légitime de la succession de leur père!

Maurice prit son chapeau pour s'en aller.

— Monsieur...

— Madame...

Il se retourna; madame de Fargiel s'était levée d'un air suppliant.

— Je vous pardonne de m'accuser ainsi, car vous ne savez pas toute la haine que j'ai vouée à la mémoire de cette femme qui a été la maîtresse de Pierre Marbault quand elle était la femme du comte de Parfondval!

M. d'Orbessac salua profondément et s'éloigna sans répondre.

— C'est bien, dit-il en descendant; c'est la guerre, j'aime mieux cela.

Il était venu dans le coupé de Béatrix et avec les chevaux de la comédienne. Il ordonna au cocher de retourner rue de Provence.

XIV

UNE MATINÉE CHEZ BÉATRIX

Ce jour-là, à deux heures, pendant que Maurice était chez madame de Fargiel, Béatrix se disposait à recevoir ses visites habituelles.

Elle était d'autant plus charmante, qu'elle attendait tout le monde sans attendre personne. Elle feuilletait un roman sans y rien comprendre, selon sa coutume, car il lui était impossible de coudre deux idées ensemble.

Elle s'était jetée éperdument dans la vie sans regarder en avant, sans regarder en arrière, tout entière aux choses qui passaient. On pouvait dire avec raison qu'elle vivait au jour le jour, le cœur ouvert, les mains pleines de fleurs, comme ces insouciantes filles qui semblent n'exister que pour être belles, pour être aimées et pour aimer quand elles ont le temps.

— C'est étonnant ! il ne vient personne aujourd'hui, dit Béatrix en regardant la pendule.

Cette pendule, de style rococo, était des plus mythologiques. Boucher en avait donné le modèle dans un biscuit de Sèvres. Elle était dominée par un vieillard ailé qui fuyait, une faux en main; sous le cadran couvert d'arabesques, trois jeunes filles, de physionomies variées, passaient leurs heures, l'une à filer un certain fil qu'elles donnent à retordre aux mortels; l'autre à tenir ce fil par le bout; la troisième à le couper assez près de la quenouille.

Depuis plus d'un an que Béatrix voyait chaque jour cette pendule, elle n'avait pas encore deviné toute la profondeur du mythe.

Elle se retourna trois ou quatre fois sur le divan, et trois ou quatre fois aussi elle changea de page dans le livre qu'elle feuilletait. Enfin, elle entendit son groom qui annonçait M. le prince de Waldesthal à la porte du salon.

Sans trop savoir dans quel but, elle fit semblant de ne pas entendre, et lut avec beaucoup d'attention la page qu'elle avait sous les yeux.

Le prince traversa le salon, souleva d'une main discrète la portière du boudoir. Comme elle eut l'air de ne pas le voir, il eut tout le loisir de contempler cette jolie fille, couchée avec un abandon charmant.

Un doux parfum de femme et d'amour était répandu dans ce petit paradis de Mahomet, depuis les arabesques du plafond jusqu'à la rosace filée en Perse qui assoupissait les pas du prince.

— Ah! c'est vous! dit Béatrix d'un air distrait; je n'espérais plus vous rencontrer ici.

Elle retourna le feuillet du livre et continua résolûment sa lecture.

— Mais, madame...

— Ah! oui, je vous conseille de prendre votre défense.

— Je vous trouve charmante vous-même, je vous donne une voiture qui m'avait coûté...

— Oui, il y a bien de quoi vous vanter, dit Béatrix en posant son livre sur ses genoux. Voilà bien les princes d'aujourd'hui : ils vous donnent une voiture sans chevaux.

— En vérité, n'ai-je pas bien fait? d'Orbessac se fût moqué de moi; ne fallait-il pas mieux me réserver le droit de me moquer de lui?

— Eh bien, grâce à vous, nous nous sommes promenés comme des amoureux, comme des bergers d'Arcadie; sans compter que j'ai fait une bonne rencontre : j'ai retrouvé mon père, un père de comédie, que je n'avais pas vu depuis vingt ans.

— Ah! je vous en prie, faites-moi grâce des malheurs de votre famille; il y a si longtemps que je m'attendris sur ces infortunes-là! Quel roman lisez-vous donc là?

— Je ne sais pas le titre.

Béatrix ferma le livre et regarda la couverture :

— *Le Lys dans la vallée*, par M. de Balzac. Avez-vous vu Maurice?

— Vous en raffolez toujours?

— Toujours.

— Ah! dit le prince d'un air distrait, c'est étonnant. Les moutons de Panurge, ce ne sont point les hommes, ce sont les femmes; quand l'une d'elles est amoureuse d'un mauvais gentillâtre, toutes les autres viennent à la suite.

— D'un mauvais gentillâtre? dit Béatrix. M. le comte d'Orbessac est plus noble que vous : il est gentilhomme, vous ne l'êtes pas. Un prince allemand, qu'est-ce que c'est que cela ? Vous avez donc oublié le mot de Louis XV :

« — Le prince de... est-il gentilhomme? » demanda-t-il, un jour qu'on lui présentait un prince de votre pays.

— Où avez-vous lu cela?

— C'est Maurice qui me l'a dit. D'ailleurs, chaque fois qu'on parle de vous, c'est à qui répétera le mot de Louis XV.

Le prince était furieux.

— Maurice, Maurice, dit-il en se promenant avec agitation, ce n'est pas lui qui me doit un coup d'épée.

— Du reste, poursuivit Béatrix, le plus prince des deux, ce n'est pas vous ; du moins, c'est mon opinion. Est-ce que vous croyez qu'il m'aurait donné une voiture sans chevaux, lui? Allons donc! il m'aurait donné plutôt les chevaux sans la voiture.

Le prince était exaspéré. On annonça mademoiselle Camille. Celle-ci, en entrant, se prosterna presque aux pieds du prince.

— Ah! bonjour, madame, lui dit-il; vous avez merveilleusement dansé dans votre pas de quatre, hier. Qu'est-ce que dirait la Camargo en vous voyant?

— Ah! prince, vous faites danser mon cœur de joie.

— N'en croyez rien, elle n'en a pas, dit Béatrix.

On annonça presque en même temps un banquier, une tragédienne surnuméraire, un journaliste obèse. On se mit à parler du dernier scandale parisien et de la dernière course de chevaux. Le journaliste dépensait beaucoup de verve, le prince parlait peu, le banquier ne disait pas un mot.

— Pourquoi ne dites-vous rien? lui demanda le journaliste.

— C'est vrai, dit Béatrix, ne dirait-on pas qu'il est ici pour son argent?

— Oui, madame, dit le banquier d'un air de reproche (car le brave bonhomme avait acheté fort cher le droit de venir chez elle), oui, je suis ici pour mon argent. D'ailleurs, reprit-il avec un sourire malicieux, quand je suis avec cet homme d'esprit, je me repose sur son art de bien dire et de tout dire. Il parle pour lui et pour moi.

— Mais je parle en mon nom, dit le journaliste, qui avait pris une attitude triomphante.

— Ne vous fâchez pas, poursuivit le banquier avec beaucoup de calme; vous êtes assez riche pour faire tous les frais de la conversation.

— Allons, allons, dit la danseuse, tout le monde se mêle d'avoir de l'esprit.

— Il n'y a, dit le journaliste, que Béatrix qui persiste dans sa charmante bêtise.

— Oui, dit le prince encore furieux, Béatrix est toujours sur le point d'avoir de l'esprit.

— Voilà comme j'aime les femmes, reprit le journaliste. Est-ce que madame de Staël vaut Manon Lescaut? D'ailleurs, ne vous y trompez pas : le meilleur de l'esprit français nous vient de quelque bonne bête, comme La Fontaine. Béatrix, dans ses naïvetés et ses extravagances, arrive souvent à un trait inattendu.

— Moi, dit-elle, je ne suis pas, comme vous, un livre

toujours ouvert à la même page. Vous êtes un homme d'esprit, je suis une femme de cœur. L'esprit! vieux livre connu. Le cœur! livre toujours nouveau.

— Ah! Béatrix, vous vous perdez! s'écria le journaliste.

— C'est vrai, à force de fréquenter la bonne compagnie!

— Prenez bien garde de changer votre adorable naturel, qui est à vous, pour l'esprit, qui est à tout le monde. Mais je remarque avec chagrin qu'il y a sur ce front que j'aime, parce qu'il est petit comme ceux des Étaïres, je remarque sur votre front, sur vos lèvres, dans vos yeux, un certain accent de tristesse.

— Cela vient du cœur, répondit-elle en pensant à Maurice.

On vint à parler de *Virginie*, une tragédie que mademoiselle Rachel avait jouée la veille.

— Moi, dit Béatrix, je n'ai pu rester jusqu'à la fin; quand j'ai vu, au troisième acte, que Paul ne paraissait pas, je m'en suis allée. J'entends bien mieux le roman que la tragédie.

La tragédienne surnuméraire se hâta de se moquer de Béatrix.

— Mais, ma chère, *Virginie* est une vieille histoire prise dans l'Ancien Testament, si je ne me trompe.

Disant ces derniers mots, la tragédienne regarda timidement le journaliste.

— Non, non, vous ne vous trompez pas, lui dit-il d'un air d'approbation.

— De l'Ancien Testament! reprit Béatrix distraite, n'ai-je pas entendu dire qu'il y en avait un nouveau?

— Vous avez raison, dit gravement le journaliste.

Le banquier, qui n'avait guère appris l'histoire qu'en lisant les journaux, ne put cependant s'empêcher de rire de tout son cœur de la science profonde de la tragédienne et de la naïveté sublime de Béatrix.

Le groom vint dire à Béatrix qu'une jeune dame vêtue en religieuse demandait mademoiselle Béatrix de Parfondval.

— Il faut la faire entrer, dit la danseuse.
— Nous verrons son attitude, pensa la tragédienne.
— Elle va nous distraire un peu, dit le prince.
— C'est une étude, pensa le journaliste.

Le banquier ne dit pas un mot; il se croyait presque à la comédie, il n'avait garde d'interrompre les acteurs.

Béatrix s'était levée gravement.

— Messieurs, dit-elle avec dignité, vous ne verrez pas celle qui me demande.

— Pourquoi?

— Parce que je ne veux pas. C'est la raison des femmes. Je vais recevoir la nouvelle venue dans ma chambre. S'il vous plaît d'aller sur la terrasse, vous y trouverez des cigares.

Béatrix s'inclina et sortit. Elle courut à l'antichambre, et se jeta dans les bras de la religieuse.

— Ma sœur! s'écria-t-elle en l'embrassant avec effusion. Comme il y a longtemps que nous ne nous sommes vues!

Elle entraîna Marguerite avec mille caresses dans la chambre à coucher.

XV

UNE LARME DE MARGUERITE

Une fois entrée dans la chambre de Béatrix, la sœur Marguerite des Carmes rejeta son voile sur les épaules.

— Ah ! Marguerite, que tu es belle ! dit la comédienne avec admiration ; comme cette blancheur de marbre sied bien à ta figure sévère ! Mais comment es-tu ici ?

— Avant de prendre le voile, on m'a rendu toute ma liberté. Ne sais-tu donc pas qu'après avoir vécu dans la retraite, on nous soumet ainsi une dernière fois aux tentations du monde ? Voilà deux jours que je te cherche ; je suis allée ce matin au théâtre où tu joues ; j'ai enfin appris que mademoiselle Béatrix, c'était ma sœur.

Béatrix raconta en peu de mots à Marguerite ce qui s'était passé depuis qu'elle ne l'avait vue. Elle lui parla surtout beaucoup de la rencontre imprévue de M. de Parfondval et de madame de Fargiel.

Elle avait à peine terminé son récit, vingt fois interrompu par ses charmants enfantillages, quand Maurice sonna, au retour de sa visite à la comtesse de Fargiel.

— M. le comte d'Orbessac, dit le groom en entr'ouvrant la porte; faut-il lui dire d'aller sur la terrasse?

— Non, répondit Béatrix en rougissant de plaisir, qu'il entre ici.

La religieuse avait rougi comme sa sœur.

— Tu ne sais pas, dit-elle à Béatrix, il est venu au couvent, il y a deux jours; je l'ai reconnu, car, lorsque tu demeurais rue de Buffault, je l'ai rencontré une fois dans ton petit salon.

— Il est charmant, n'est-ce pas? dit étourdiment Béatrix.

Marguerite baissa la tête et ne répondit pas.

Le comte d'Orbessac venait d'entrer; il tendit la main à Béatrix, il salua avec gravité la carmélite.

— En vérité, madame, dit-il avec un peu d'embarras, il n'y a que les montagnes qui ne se rencontrent pas. J'étais loin de penser, en vous quittant au couvent des Carmélites, que je vous retrouverais dans l'appartement d'une comédienne.

— C'est ma sœur, vous le savez, dit Marguerite en pressant à son tour la main de Béatrix.

— Oui, oui, pensait Maurice; c'est un jeu de la destinée. Jusqu'ici, il m'était arrivé d'aimer trois femmes à la fois, mais je n'avais jamais aimé trois sœurs.

— N'est-ce pas, Maurice, dit Béatrix en regardant tour à tour le jeune comte et la carmélite, n'est-ce pas que j'ai là une bien jolie sœur? Comme on ferait des folies pour cette figure-là! Ne vous offensez pas, Marguerite.

— Pourquoi m'offenserais-je? dit Marguerite en baissant la tête. Quand j'ai franchi le seuil de la porte, je savais trop que mes oreilles n'entendraient plus le chant de la mort, mais le chant de la vie.

— A propos, dit Béatrix en se tournant vers Maurice, que vous a dit madame la comtesse de Fargiel?

— Madame la comtesse de Fargiel persiste à ne pas se croire de votre famille ; cependant, c'est la même beauté, — moins touchante, ajouta-t-il en s'adressant à Marguerite, — moins aimable, poursuivit-il en souriant à Béatrix.

— Allons donc, dit la comédienne, la comtesse n'est pas belle, puisqu'elle n'est pas bonne.

On parla beaucoup de madame de Fargiel. Béatrix se rappela avoir rencontré cette farouche vertu du beau monde à quelque fête de carnaval, dans une loge des Variétés, en compagnie d'un lovelace aux fières épaules.

Marguerite interrogeait en même temps Maurice et Béatrix; c'était la première fois qu'elle entendait parler de sa sœur.

— C'est tout un roman pour moi, dit-elle, c'est à peine si je puis y croire.

— Mais vous la verrez bientôt, dit Maurice, car, sans trop tarder, il faut que nous allions tous au château de Marvy défendre nos droits (vos droits sont les miens en cette occasion). Si vous saviez comme j'ai lutté tout à l'heure contre madame de Fargiel! Quelle sirène et quel démon! C'est à propos d'elle surtout qu'on peut dire : Si Dieu a commencé la femme, le serpent l'a finie. Le croirez-vous! elle a voulu jeter au feu la lettre précieuse de votre mère, cette lettre devenue sacrée, qui vous fera gagner votre procès devant votre père.

Le groom entr'ouvrit la porte.

— Va-t'en ! dit Béatrix avec impatience.

— Madame, on vient de la part du directeur du théâtre pour savoir si madame va venir à la répétition.

— Non, non... je vais te donner vingt francs pour payer l'amende.

Béatrix sortit vivement.

Maurice, se voyant seul avec Marguerite, s'approcha d'elle et lui demanda si elle persistait à s'enfermer vivante dans le tombeau des Carmélites.

— Oui, répondit-elle en levant vers Maurice ses grands yeux bleus si tristes et si doux.

— Cependant, bien des joies dignes de votre cœur vous attendent dans le monde; il n'y a que les vieilles filles qui aient le droit de fuir dans la solitude; vous qui êtes si jeune, vous qui êtes si belle!...

Marguerite sentit le feu monter sur ses joues de marbre.

— Vous qui sentez votre cœur battre avec toutes les forces de la vie, continuait le comte d'Orbessac, pourquoi n'aimeriez-vous pas le soleil, la fleur qui s'ouvre, l'oiseau qui chante? Ah! si vous vouliez m'en croire!...

Maurice avait saisi la main de Marguerite, qui ne songeait pas à s'en offenser.

— Marguerite, je vous aime comme ma sœur... Permettez-moi ce mot si doux.

Maurice sentit une larme tomber sur sa main.

XVI

LA COMÉDIENNE ET LA CARMÉLITE

Maurice d'Orbessac quitta Béatrix et Marguerite pour aller trouver un avocat. Il commençait à prendre la vie au sérieux. Il n'avait jamais été si profondément touché au cœur que depuis cinq jours. Le lundi, il avait aimé madame de Fargiel avec ivresse; le lendemain, il avait aimé Marguerite avec religion; quatre jours après, il aimait Béatrix avec folie.

Un philosophe a dit que, sur les choses de l'amour, quiconque veut raisonner, commence par déraisonner. Ainsi faisait Maurice. Ces trois figures adorables passaient sous ses yeux éblouis comme le mirage pour le voyageur éperdu. Il allait en avant sans chercher à savoir les épisodes du voyage.

Après le départ de tous ses visiteurs, quand Béatrix fut seule avec Marguerite, elle alla se jeter en pleurant sur un petit canapé.

Marguerite, surprise, car c'était la première fois qu'elle

voyait des larmes sérieuses dans les yeux de sa sœur, s'approcha d'elle et la regarda en silence.

— Pourquoi pleures-tu ? lui demanda-t-elle après quelques secondes d'attente.

Marguerite la regarda tendrement et lui prit la main.

— Je ne sais pas pourquoi je pleure, répondit-elle, mais ce sont des larmes qui viennent du cœur. Ah! Marguerite, reprit-elle avec un soupir et en levant les yeux au ciel, Marguerite, tu es bien heureuse, toi!

— Heureuse!

Marguerite regarda sa sœur avec un sourire amer.

— Oui, bien heureuse, parce que tu appartiens à Dieu! moi j'appartiens aux hommes ; tu es pure comme un ange du ciel, ma petite Marguerite, tu as le droit d'aimer; mais moi... moi, à tout le monde...

— En vérité, ma sœur, je ne te comprends plus ; cette tristesse n'est pas du tout dans ton caractère. Que se passe-t-il, voyons, parle-moi ?

Béatrix ne répondait pas.

— Je te connais mieux que tu ne te connais toi-même ; ce qu'il te faut, c'est l'insouciance, c'est l'oubli du cœur...

Béatrix se leva subitement comme atteinte par un trait cruel.

— L'oubli du cœur! Ah! Marguerite, tu ne sais pas ce que tu dis; tu m'as connue, mais tu ne me connais plus.

Béatrix s'approcha d'un miroir de Venise.

— Tu ne vois donc pas que mon regard a changé ? Mais en un seul jour une révolution s'est faite en moi. Hier, je te plaignais, je ne comprenais pas qu'on pût vivre entre quatre murs dans les sombres cellules que tu m'as dépeintes ; aujourd'hui, je t'envie, je voudrais être dans une cellule où je pourrais prier Dieu de toutes mes forces et de tout mon cœur. J'y trouverais une joie austère et sainte qui rafraîchirait mon âme. Si j'avais seulement passé huit jours en prières, il me semble que j'aurais le droit d'aimer.

— Que dis-tu ?

— Tu ne comprends donc pas que j'aime Maurice, tu ne comprends donc pas que je l'aime comme je n'ai point aimé les autres ? Ah ! cela me rend bien heureuse et bien triste !... Marguerite, tu as bien fait de venir, car, à qui aurais-je confié ma joie et mon chagrin ?

— Moi, dit Marguerite après un silence, je ne t'enviais pas ; mais j'avoue que, connaissant ton caractère, je ne supposais pas que je dusse jamais te voir pleurer ainsi dans le tourbillon couleur de rose où je t'ai quittée il y a un an, où je te retrouve aujourd'hui, car c'est par les yeux, et non par le cœur, qu'on te séduit, toi ; pourvu que tu aies de belles robes, de beaux meubles et de beaux chevaux...

— De belles robes ! s'écria Béatrix, saisie d'une colère soudaine.

Elle passa dans sa chambre ; Marguerite la suivit.

— e belles robes ! reprit-elle en ouvrant une armoire, les voilà, mes belles robes !

Elle prit dans ses bras une douzaine de robes de toute espèce, en velours, en soie, en gaze, en mousseline, en cachemire ; elle les jeta sur le tapis et les foula du pied avec un noble dédain.

La religieuse, toute détachée qu'elle fût des pompes

du monde, soupira un peu en voyant piétiner ainsi toutes ces riches étoffes.

— Je comprends bien le sentiment qui te fait détester la fortune, ma chère Béatrix, mais enfin, où veux-tu en venir ?

— Est-ce que je le sais ? murmura Béatrix hors d'elle-même.

Disant ces mots, elle ramassa une robe des Indes brodée de soie et d'or.

— J'étais pourtant bien jolie avec celle-là !

Mais, au souvenir de Maurice, elle laissa retomber la robe.

— Je ne veux plus la voir, dit-elle en la repoussant du pied. C'est ce vieux fou de receveur général qui me l'a donnée.

Elle rentra dans le salon.

— Ces beaux meubles, dit-elle en s'arrêtant tour à tour devant une console dorée avec un marbre en mosaïque, devant une pendule ciselée par un Benvenuto Cellini, devant un piano d'Érard, devant un tableau de Decamps, devant vingt autres richesses qui eussent fait honneur au salon d'un roi, ces beaux meubles ne m'appartiennent pas, je vais les renvoyer à tous ceux...

Elle sonna. Un valet de chambre apparut aussitôt à la porte.

— Jacques, vous rappelez-vous de qui me vient ce tableau ?

— Oui, madame.

— C'est bien ; ne me dites pas son nom. Vous allez le décrocher et le renvoyer à l'instant même à qui il appartient. Vous en ferez de même pour tous les meubles que je n'ai pas achetés moi-même.

— Est-ce qu'elle deviendrait folle ? marmotta le domestique.

Il regarda sa maîtresse en écarquillant ses yeux :

— Mais, madame, songez donc que ce tableau est tout à fait à sa place ici.

— Pas un mot de plus, dit Béatrix d'un ton impérieux ; qu'on suive mes ordres à l'instant même. Mais, avant tout, dites à Guillaume d'atteler tout de suite, et priez la portière de monter.

Bien que le domestique fût habitué à exprimer ses opinions devant Béatrix, elle lui avait parlé d'un air si convaincu et si décidé, qu'il n'osa plus faire la moindre observation. Il sortit gravement, non sans avoir jeté un regard de mécontentement sur l'habit de Marguerite, qui pourtant n'était pour rien dans tout ceci.

— Oiseau de mauvais augure ! murmura-t-il en fermant la porte.

— Ma chère Marguerite, dit la comédienne en embrassant sa sœur, je suis bien fâchée de te faire assister à mes folies ; mais enfin peut-être suis-je à la dernière.

— Je ne sais que te dire, murmura Marguerite, car je ne sais encore si c'est de la folie ou de la sagesse. Seulement, je te sais gré de ce retour sur toi-même ; la dernière folie est presque toujours le commencement d'une bonne action. Le repentir est déjà la vertu ; mais ce repentir-là ne te conduira pas à la vertu, puisque c'est encore une nouvelle passion toute profane qui te fait haïr les anciennes.

— Écoute, ma pauvre sœur, tu ne comprends pas ; mais je me garderais bien de chercher à te faire comprendre.

En cet instant, le valet vint avertir que la portière attendait.

Béatrix lui demanda s'il n'y avait pas dans la maison quelque petit appartement à louer.

— C'est selon, dit la portière en s'inclinant avec respect ; est-ce pour cette demoiselle ?

— C'est pour moi, dit Béatrix.

La portière eut l'air de ne pas comprendre ; cependant, comme elle avait déjà remarqué la pâleur et la tristesse de la comédienne, elle pensa que quelque catastrophe était survenue.

— Pour vous ? dit-elle d'un ton à la fois compatissant et railleur.

Car la portière avait eu aussi ses jours de gloire ; on l'avait vue quelque vingt ans auparavant figurer avec quelque succès dans les ballets de la Porte-Saint-Martin.

— Oui, pour moi, dit Béatrix avec dignité.

— Mon Dieu, madame, nous avons bien le petit appartement du balcon qui est de sept cents francs ; il est un peu mansardé.

— C'est tout ce qu'il me faut, dit Béatrix.

— Mais je ferai remarquer à madame qu'avec cet appartement-là il n'y a ni écurie, ni remise.

— C'est bien ; allez ouvrir les fenêtres ; avant une heure, j'y serai moi-même.

La portière sortit en hochant la tête et en proie à une méditation philosophique.

— Les chevaux sont à la voiture, dit le cocher en paraissant sur le seuil.

— Attends-moi un instant, dit Béatrix à Marguerite ; j'ai quelques ordres à donner, je reviens tout de suite.

Elle s'élança hors de l'appartement et descendit l'escalier quatre à quatre.

Elle avait depuis six mois dans son écurie les deux plus admirables chevaux d'outre-Manche qui fussent à Paris, deux bêtes précieuses, finement modelées, bonnes autant que belles, d'une allure noble et fière, qui avaient coûté un prix fou « à celui qui les a achetées et même à moi, » disait naïvement Béatrix dans les coulisses du théâtre.

Quand elle fut au bas de l'escalier, un des deux chevaux hennit joyeusement. Il était habitué à ses caresses et à ses sucreries : c'était le plus jeune. Il avait un petit air folâtre et enfantin ; il secouait vaillamment sa crinière, il sautait comme un cheval dressé à la danse par Franconi ; il était d'une légèreté fabuleuse et d'une intelligence surprenante ; sa physionomie exprimait tous les nobles instincts de la bête.

Béatrix alla à lui et le flatta sur le cou comme de coutume.

— Comme vous êtes joli ce matin, mon cher Phénix, quel regard impérieux ! quelle narine enflammée ! Voyons, baisez-moi vite.

Phénix leva la tête en hennissant vers Béatrix ; elle se plaça entre les deux chevaux et les caressa tendrement l'un et l'autre.

— Guillaume, dit-elle en s'adressant à son cocher,

vous allez de ce pas conduire cette calèche chez le prince de Waldesthal, rue Saint-Dominique, ensuite vous conduirez ces deux chevaux chez lord Alston, vous savez, rue du Cirque.

Le cocher regardait la comédienne d'un air tout ébahi.

— Eh bien, tu n'entends donc pas, imbécile ?

— J'entends bien, madame, mais je ne comprends pas.

— Il ne s'agit pas de comprendre, suivez mes ordres mot à mot. Quand tu auras conduit la calèche rue Saint-Dominique, et les chevaux rue du Cirque, tu iras te conduire toi-même chez celui qui te paye tes gages.

Le cocher faillit se laisser tomber en bas de son siége.

— Moi j'irai me conduire moi-même ?

— Eh bien, oui, toi. Que veux-tu que je fasse de toi quand je n'aurai plus de chevaux ni de voiture ?

Le cocher ne trouva rien à répondre à ce raisonnement; il parut réfléchir un peu.

— C'est vrai, madame, mais je vais bien m'ennuyer.

— Et ces pauvres chevaux, dit Béatrix, ils vont bien s'ennuyer aussi. N'est-ce pas, mon petit Phénix, que tu ne serais pas content du tout si tu savais que tu vas partir sans moi pour ne plus revenir? Ah! comme nous nous amusions tous les deux quand tu m'emportais au triple galop à travers les bois! Quelles bonnes parties nous avons faites ensemble! Pauvre Phénix! Qui est-ce qui te donnera du pain dans tes belles dents? Et toi, ma pauvre Rébecca, la plus douce et la plus vertueuse des bêtes, qui est-ce qui va apprécier maintenant tes belles qualités?

Elle flatta de la main les deux chevaux, et regagna l'escalier tout en disant adieu au cocher, qui ne voulait pas obéir. Elle avait toutes les peines du monde à retenir ses larmes.

Avant de remonter, elle appela la portière et demanda la clef du petit appartement.

Tout en prenant la clef, Béatrix glissa une pièce de vingt francs dans la main de la portière.

— Ah! madame, je suis bien sensible à vos malheurs.

— Je n'ai point de malheurs, interrompit sèchement Béatrix. Écoutez ce que je vais vous dire. Avant une demi-heure je serai là-haut tout installée dans le petit appartement, car je vais y faire transporter les quelques meubles qui me sont indispensables. Tout ce que je laisserai dans le grand appartement appartiendra à mes créanciers. Ils se partageront cela comme ils l'entendront, je ne veux plus y être pour rien. Faites-moi la grâce de dire à ceux qui viendront que je suis partie pour l'Italie. D'ailleurs dès aujourd'hui, je ne m'appelle plus Béatrix, mais mademoiselle de Parfondval.

La portière n'en pouvait croire ses yeux ni ses oreilles. Béatrix monta rapidement l'escalier. Quand elle fut sur le palier, elle se retourna pour dire à cette femme que cependant malgré sa consigne, elle y serait toujours pour M. le comte Maurice d'Orbessac.

Béatrix retrouva sa sœur toute pensive à la cheminée du salon.

— Ma chère Marguerite, je viens d'accomplir un grand sacrifice; celui-là me sera compté dans le ciel : j'ai renvoyé mes chevaux. Pauvres bêtes! j'en ai les larmes aux yeux.

Béatrix donna des ordres, et monta avec sa sœur au petit appartement, véritable refuge des poëtes quand les poëtes habitaient des mansardes.

— C'est bien, dit Béatrix en passant sur le balcon, je transporterai là mon jardin, car tu sais, Marguerite, que j'ai, de l'autre côté, sur la terrasse, un vrai jardin avec des arbres et de l'eau.

Béatrix respirait de tout son cœur.

— Ne trouves-tu pas que l'air est plus pur ici? En vérité, il y a tout un monde entre ces trois étages. Ici c'est le ciel, poursuivit Béatrix en regardant les nues. Plus bas, c'est l'enfer! Ah! comme je m'applaudis de ma résolution! Je veux vivre de peu, de rien, s'il le faut, pourvu que j'aie toute liberté de cœur et d'esprit. Maurice va bien être étonné quand il me trouvera perchée si haut; mais il comprendra. J'aurais dû commencer par l'aimer au lieu de finir par là : car, il est jeune, il est beau, il est brave; à la bonne heure, ce n'est pas un marchand d'argent comme les autres qui, pour tout billet doux, ne vous donnent que des billets de banque. C'est déjà quelque chose; mais j'aime mieux un simple mot parti de son cœur que cent louis puisés dans la bourse d'un autre. Ma pauvre sœur, j'offense ta candeur avec tous mes contes, mais tu me pardonnes à cause de la bonne intention. Maintenant, explique-moi pourquoi tu es sortie du couvent.

— Pourquoi? dit tristement Marguerite. Pour y rentrer. Je t'ai dit que, selon la coutume, on m'a renvoyée dans le monde pour consulter mes forces une dernière fois.

— Est-ce que tu retourneras aux Carmélites?

— Oui, car, si je n'allais pas là, où irais-je? répondit Marguerite en levant les yeux au ciel.

— Avec moi, car, moi aussi, je vais me retirer du monde. Demain, je déchire mon engagement avec le théâtre; je veux vivre seule. Oui, toute seule; ainsi tu peux vivre avec moi.

— Et M. le comte d'Orbessac?

— Ah! oui, j'oubliais; mais vivre avec lui, n'est-ce pas vivre avec moi seule, car Maurice est toute ma vie?

— Alors, je ne puis vivre avec toi.

— Enfant, ne vous effarouchez pas, Maurice m'épousera peut-être. Qu'aurez-vous à dire?

— Ce que j'aurai à dire? Ah! Béatrix, tu ne devines donc pas!

Marguerite se cacha la figure dans ses deux mains.

XVII

L'AMOUR FILIAL

Cependant madame de Fargiel était demeurée dans son fauteuil, atterrée et tremblante. Quand Maurice fut sorti, elle se leva d'un bond, courut à sa cheminée, et se regarda dans sa glace. Elle voulait voir si Maurice avait pu découvrir sur sa jolie figure la soif d'argent qui la dévorait.

Mais, comme beaucoup de femmes qui vivent par l'esprit et non par le cœur, madame de Fargiel avait un masque impénétrable, toujours calme et plein de séduction.

— Non, non, dit-elle en se mirant avec une certaine nonchalance, il n'a pu deviner la vérité. Quand il m'a rencontrée pour la première fois dans les Champs-Élysées, je n'avais pas un plus charmant sourire, une bouche plus fraîche et des yeux plus veloutés. — C'est moi qui ai lu dans le fond de son cœur, continua madame de Fargiel en se laissant tomber doucement sur une ottomane; si j'ai bien lu, il m'aime; c'est en vain qu'il luttera, c'est en vain que ses beaux sentiments l'entraîneront à se faire le chevalier errant d'un fille perdue; il finira par succomber. — Cependant, reprit-elle après un silence, qui sait s'il n'arrivera pas à temps, comme il l'a dit, pour rendre à César ce qui appartient peut-être à César? Il y a en lui quelque chose de généreux qui l'aveugle sur la simple vérité; il aura entendu les prêcheurs humanitaires; il serait capable de défendre la veuve et de protéger l'orphelin; je n'y comprends rien, car, malgré toutes ses niaiseries, c'est un homme d'esprit. Enfin, il ne faut pas s'y fier. Je croyais pouvoir compter sur lui, il est plus sûr de ne compter que sur soi-même.

Disant ces mots, madame de Fargiel se leva pour sonner.

— Adèle, dites à Sébastien que je veux partir dans une demi-heure pour le château de Marvy. Vous allez m'habiller.

Une demi-heure après, madame de Fargiel monta en voiture. Comme elle passait sur le boulevard, elle ordonna à son cocher d'arrêter devant un *magasin de deuil*, le mot est consacré.

Elle descendit et regarda d'un air pensif toutes les étoffes variées. A quoi pensait-elle? Vous le savez. Elle se demandait quelle étoffe siérait le mieux à son teint, à sa taille, à la couleur de ses yeux, quand son père serait mort.

Il y avait au moins huit jours que, par respect pour l'agonie de son père, elle n'était entrée dans un magasin, elle qui vivait beaucoup pour s'habiller, pour la mode, pour le caprice.

On déploya devant ses yeux avides toutes les sombres richesses, tous les funèbres caprices inventés pour les veuves désolées.

Elle passa une heure à caresser les étoffes du regard et de la main ; elle finit par se décider pour quatre ou cinq robes, devant marquer toutes les périodes de son deuil, ou, pour parler sans métaphore, l'affaiblissement graduel de sa douleur.

Elle remonta en voiture et dit au cocher qu'il fallait arriver à Marvy, comme si elle ne s'était pas arrêtée en route. Le cocher était habitué à obéir, dut-il tuer ses chevaux ; aussi jamais coupé n'avait brûlé plus lestement le pavé de Paris.

Quand elle descendit dans la cour du château, elle ne demanda pas comment son père se trouvait. Après avoir ordonné aux domestiques de ne laisser pénétrer personne auprès de son père, sous quelque prétexte que ce fût, elle demanda si le médecin était venu. On lui répondit qu'il était reparti. Elle remonta dans son coupé et ordonna à son cocher de la conduire sans retard à Beaumont

Le médecin du comte était un brave campagnard, jeune encore, qui, depuis plusieurs années, se consolait de vivre loin de Paris en fumant beaucoup et en cultivant un petit jardin renommé dans tout le pays pour la variété de ses roses et de ses dahlias. Il ne vivait guère en société intime qu'avec son cheval et ses deux chiens, soit qu'il voyageât, soit qu'il demeurât chez lui. C'était un honnête homme de médecin qui laissait faire toute sa besogne à la nature.

Quand le coupé de madame de Fargiel arriva devant sa porte, il était au fond du jardin, échenillant ses rosiers; aussi ne vint-il pas au-devant d'elle. Cependant il ne lui donna pas le temps d'arriver au fond du jardin, il la reconnut en la voyant passer au-dessus d'un massif de lahlias.

Il courut à sa rencontre.

— Ne vous dérangez pas, monsieur Delaporte, je n'ai qu'un mot à vous dire.

Le médecin salua avec timidité, car il n'était pas accoutumé à recevoir de pareilles visites. Les gens du pays lui envoyaient quelquefois leurs voitures, mais ne venaient guère chez lui.

— Madame, si vous voulez passer au salon?

— Mon Dieu! monsieur Delaporte, ce n'est pas la peine; nous pouvons, si vous voulez, faire un tour de jardin.

— Mon pauvre jardin, dit le médecin avec un sentiment d'orgueil naïf, il a bien perdu depuis un mois. Voyez, madame, toutes les roses sont flétries.

— En vérité, monsieur, vous avez là, ce me semble, une collection, je ne dirai pas digne d'un prince, mais digne d'un amateur.

Madame de Fargiel avait touché M. Delaporte sur la corde la plus sensible; elle continua sur le même ton.

— Est-ce que c'est vous, monsieur, qui avez dessiné ce jardin? Ces courbes sont parfaites, un serpent n'a pas d'ondulations plus capricieuses. Quels beaux ébéniers! Combien avez-vous d'arpents?

— Ah! madame, vous voulez vous amuser d'un pauvre petit propriétaire qui a pu mettre à peine un arpent à sa maison et à son jardin.

— C'est impossible, ou bien vous avez merveilleusement l'art d'étendre la perspective et de tromper les yeux. Voyez, monsieur Delaporte, je vous prends vous-même à témoin, voyez comme cette échappée se perd bien dans l'espace. Je ne savais que trop, hélas! que vous étiez un habile médecin; je n'imaginais pas que vous fussiez un architecte aussi distingué. Maintenant, je ne songerai plus à vous demander une consultation sur ma santé sans vous consulter sur les dessins de mon parc de Luciennes. Mais, mon Dieu! il est bien question de parc! Vous avez vu mon père, aujourd'hui? Comment l'avez-vous trouvé? plus mal, n'est-ce pas?

— Non, madame; aujourd'hui comme hier, demain comme aujourd'hui.

Madame de Fargiel, qui n'avait pu cacher un secret contentement lorsque d'abord M. Delaporte lui avait dit que le malade se trouvait assez mal, se rembrunit tout à coup.

— Mon Dieu! pensa-t-elle, s'il allait vivre six mois, tout serait perdu. — Ah! monsieur Delaporte, comme je suis heureuse de ce que vous m'apprenez! Ainsi nous pouvons espérer encore?

Le médecin garda le silence.

— Je ne sais si l'amour filial m'abusait, mais je me suis toujours imaginé que je ne perdrais pas mon père. En effet, il est jeune encore, pourquoi ne vivrait-il pas jusqu'à quatre-vingts ans?

— Pourquoi? pourquoi? dit le médecin d'un air soucieux.

— Monsieur Delaporte, vous êtes trop habitué à voir mourir les gens, vous vous figurez toujours que la mort ne frappe à la porte que pour entrer dans la maison. Voyons, dites-moi que vous sauverez mon père.

— Non, madame, c'est impossible, à moins d'un miracle.

— Eh bien, je ne crois pas aux miracles, mais je crois à celui qui sauvera mon père.

Madame de Fargiel regardait M. Delaporte avec anxiété ; elle ne voulait pas l'interroger directement, mais surprendre par hasard le secret qui la tourmentait.

— Ne croyez-vous donc pas, monsieur Delaporte, qu'il me sera possible d'emmener mon père à Paris dans une huitaine de jours ?

— Non, madame, car, dans huit jours...

Le médecin n'osa achever. Un éclair de joie funèbre passa sur le front de madame de Fargiel.

— Monsieur, dit-elle d'une voix émue, vous m'effrayez

— Madame, au point où en est monsieur votre père, il faut s'attendre à tout d'un jour à l'autre... car, maintenant, la moindre crise...

Madame de Fargiel avait à la main un très-riche mouchoir qu'elle porta à ses yeux avec une grâce charmante. Le brave médecin était touché jusqu'aux larmes.

— Adieu, monsieur. Quoi qu'il arrive, comptez sur ma reconnaissance ; je n'oublierai jamais avec quelle sollicitude vous avez veillé sur mon père.

Madame de Fargiel prit rapidement une petite allée qui conduisait à la porte de la cour.

Le médecin la suivit respectueusement sans lui rien dire.

Madame de Fargiel s'enfonça dans son coupé comme absorbée par la douleur.

— Enfin, dit-elle quand elle fut à quelque distance, le comte sera mort dans huit jours, et encore vivra-t-il jusque-là ? Maurice aura beau faire, je parviendrai sans trop de peine, j'imagine, à ajourner ses beaux desseins chevaleresques.

Quand elle arriva au château, le comte sommeillait.

— Il paraît, lui dit le vieux valet de chambre, que M. le comte commence à se reposer.

— Je vais le voir.

— Cependant, madame sait peut-être que la nuit qui vient sera mauvaise : le médecin nous l'a dit ; d'ailleurs, il ne passe jamais deux bonnes nuits à la suite l'une de l'autre.

Pendant que le domestique parlait, madame de Fargiel montait l'escalier. La garde-malade se présenta à la porte.

— Monsieur le comte vient de s'endormir, dit-elle à voix basse ; si madame voulait attendre.

Madame de Fargiel ne prit point garde à ce que dit cette femme, non plus qu'à ce qu'avait dit le valet de chambre. Elle alla droit au lit de son père soulever le rideau, et regarda le vieillard avec une tendresse de convention.

Le bruit des pas et le mouvement de la lumière du jour réveillèrent le comte.

— Ah ! ma fille, c'est vous ; je vous attendais, murmura-t-il en tendant la main à sa fille.

— Eh bien, mon père, comment vous trouvez-vous ? J'ai rencontré tout à l'heure le médecin, qui a beaucoup apaisé mon inquiétude.

— Que voulez-vous, ma chère Régine ? le médecin a eu raison de vous rassurer ; mais pourtant n'êtes-vous point assez raisonnable pour subir sans désespoir le coup qui va vous frapper ? Je ne le sens que trop, j'ai bien peu de jours à vivre. Les étouffements sont revenus. A la première crise, ils m'emporteront. Tenez, il n'y a pas une heure, M. Delaporte venait de me quitter, j'ai bien cru que je ne vous reverrais pas. Enfin, Dieu soit loué vous voilà ! Écoutez, ma fille, si vous m'en croyez, vous ne retournerez pas à Paris, pendant trois ou quatre jours.

— Trois ou quatre jours, dit madame de Fargiel en réfléchissant, mais pendant un siècle, si vous voulez. Savez-vous, mon père pourquoi je passe à Paris la moitié du temps depuis que vous êtes malade? C'est pour vous donner plus de repos et de liberté. Le docteur m'a recommandé tout bas de ne vous parler qu'à certaines heures de la journée. Il connaît votre cœur : la moindre agitation vous épuiserait; j'ai dû m'absenter de vive force.

— Puisque vous me parlez de mon cœur, Régine, sachez donc que depuis trois jours il est à la torture. Je ne vous l'ai point encore dit; mais pourquoi ne point parler devant ma fille? Depuis que j'ai vu cette fille...

— Cette comédienne ! se hâta de dire madame de Fargiel.

— Toute ma vie d'autrefois est venue s'agiter sous mes yeux. Dans mes heures de fièvre surtout, je revois ta mère, je revois tes sœurs, car ce sont tes sœurs, puisqu'elles sont les filles de ta mère.

— Mon père, à quoi bon vous tourmenter ainsi pour des créatures indignes de votre cœur et de votre nom? Ces deux enfants qui vous préoccupent ne sont pas mes sœurs, car, dès que ma mère vous a eu trompé, elle m'est devenue étrangère comme à vous-même.

— C'est bien dit, murmura le comte en saisissant la main de sa fille.

Il s'était soulevé en ranimant ses forces ; un éclair de vengeance avait passé devant ses yeux, mais presque au même instant il retomba sur l'oreiller et soupira tristement.

— Oui, ma fille, vous avez raison : cette femme n'était plus ma femme, cette mère n'était plus votre mère ; mais pourtant je n'ai jamais su toute la vérité. Depuis le soir où j'ai dicté mon testament, cette pauvre Amélie vient me voir toutes les nuits. Je ne crois pas aux revenants. Eh bien, dès que la garde-malade s'endort, je vois flotter des ombres sous mes yeux, là-bas, dans le fond de ma chambre. Peu à peu ces ombres prennent la forme d'une femme ; je crois reconnaître Amélie suppliante, éperdue, atterrée, comme je l'ai vue le jour de notre départ ; elle vient me recommander ses enfants. Qui sait ? mes enfants peut-être.

» Vous le dirai-je, continua M. de Parfondval, la révélation de cette fille m'a touché profondément. Elle a la voix de sa mère. Je l'écoutais avec douleur et avec charme. Si c'était ma fille, de quoi ne serais-je pas coupable ! En effet, à quelle vie pleine d'écueils et de périls ne l'ai-je pas abandonnée ? Aussi je la retrouve dans les égarements les plus effrénés. Une comédienne ! la maîtresse de tout le monde !

— Mon père, mon père, pourquoi tant d'inquiétude ? Je vous promets de veiller à l'avenir sur cette fille et sur sa sœur ; mais, de grâce, oubliez-les ; n'apprenez pas au monde, qui l'ignore, un malheur qui retomberait sur moi, après avoir frappé votre mémoire.

— Mais vous ne savez donc pas, ma chère enfant, que cette comédienne, si elle est bien conseillée, peut venir à ma mort déjouer toutes mes espérances? Aux yeux de la loi, elle est votre sœur; elle parviendrait à faire casser mon testament. Quel bruit et quel scandale! Les procès! les journaux! La France entière saurait mon histoire et mon déshonneur.

— Et le moyen d'empêcher tout cela? demanda vivement madame de Fargiel.

— Heureusement que presque toute ma fortune est en rentes sur l'État. J'ai écrit hier à l'agent de change de vendre les trente-deux mille francs de rente cinq pour cent. Il doit m'apporter lui-même l'argent. Quoi qu'il arrive, c'est toujours plus de huit cent mille francs que vous ne partagerez pas avec celles que la loi reconnaîtrait pour vos sœurs.

— Huit cent mille francs! murmura madame de Fargiel avec une voix plus douce que si elle eût prononcé : *Je vous aime.*

— J'ai, en outre, un peu d'argent comptant. Vous savez que j'ai toujours eu l'habitude d'avoir des valeurs en portefeuille. Et puis, mon receveur de rentes ne m'a pas encore versé le dernier semestre échu. Quant à mes deux fermes en Picardie, il faudrait pouvoir les vendre avant ma mort; car je crois vous avoir déjà dit que, si toute ma succession était en argent comptant, vous ne seriez pas obligée de partager. Parmi mes vieux amis, le colonel de Forgeville est le seul qui consentirait à nous servir en cette occasion. Nous pourrions faire ensemble un acte sous seing privé, par lequel je lui vendrais, à une date

antérieure, mes deux fermes, moyennant un prix payé
comptant. Il est le seul ici, d'ailleurs, qui sache que ces
deux fermes m'appartiennent. Quand s'ouvrira ma succession, personne ne viendra donc les réclamer. Si vous
voulez, Régine, vous m'amènerez ce soir le colonel. Vous
pourrez lui envoyer votre voiture ; d'ici à l'Ile-Adam il
n'y a pas loin.

— Si vous le désirez, mon père...

Madame de Fargiel alla nonchalamment parler à la
garde-malade, qui transmit bientôt à Bastien l'ordre de
courir à l'Ile-Adam.

— Mais toi, reprit le comte, quand sa fille revint auprès de lui, toi, pauvre femme sans conseil, que faire
avec de l'argent comptant? Je regrette bien de n'avoir pas
songé plus tôt à vendre en mon nom pour racheter au
tien. Mon grand tort en tout ceci a été de m'y prendre
trop tard. Que veux-tu! je ne supposais pas qu'il me
faudrait mourir si tôt.

Le comte avait prononcé ces derniers mots d'une voix
éteinte, madame de Fargiel vit bien qu'il n'avait plus la
force de parler ; pourtant elle lui demanda d'un air distrait, comme si elle pensait à tout autre chose :

— Et quand l'agent de change doit-il vous apporter
l'argent?

— Demain, ma chère Régine, murmura le malade en
fermant les yeux sous les baisers de sa fille.

— Il faut, pensa la comtesse en remarquant d'un air
tout à la fois joyeux et effrayé les ravages du mal, il faut
qu'il vive jusqu'à demain... Cependant, reprit-elle avec
anxiété, demain peut-être cette comédienne et sa sœur

viendront ici avec M. d'Orbessac. Je ne craindrais pas les deux filles; mais M. d'Orbessac, c'est un homme, et depuis quand une femme n'a-t-elle pas raison d'un homme?

Le valet de chambre vint annoncer la visite de M. le prince de Waldesthal.

— Dites au prince qu'il m'attende au salon.

Elle descendit presque aussitôt.

— Le prince pourrait *me sauver*, pensa-t-elle au bas de l'escalier, s'il voulait se battre demain avec M. d'Orbessac; il l'empêcherait de venir... mais s'il le tuait!...

XVIII

LE PRINCE DE WALDESTHAL

Le prince de Waldesthal était un simple baron allemand qui était venu depuis six mois à Paris, où il mangeait son fonds avec son revenu. Il espérait s'arrêter à temps dans sa ruine par un mariage solide; aussi le voyait-on courir avec la même ardeur les femmes du monde et les comédiennes. Peut-être ne désespérait-il pas de retrouver chez madame de Fargiel mille fois plus qu'il n'avait donné à Béatrix.

Malgré ses habitudes hautaines et dédaigneuses, madame de Fargiel reçut le prince de Waldesthal avec beaucoup de déférence.

— Prince, dit-elle en lui tendant la main, je n'espérais guère vous voir ici; car il ne faut pas plus compter sur vos promesses que sur celles des femmes.

— C'est bien dit, madame. Mais tout ce qui passe sur vos lèvres devient un précieux dicton.

La comtesse s'était assise sur un divan. M. de Waldesthal alla, tout en se dandinant, s'asseoir devant la fenêtre entr'ouverte.

— Et votre père? poursuivit-il d'un air distrait. Je lui ai juré, il y a huit jours, de revenir bientôt. Ne trouvez-vous pas que, dans ce monde, on s'attache toujours plus vivement à ceux qui s'en vont qu'à ceux qui restent?

— Franchement, prince, vos paradoxes ne deviendront pas, j'imagine, des dictons précieux.

— C'est cela ; l'impertinence est à la mode ; vous êtes adorablement impertinente.

— Qu'y a-t-il de neuf à l'Opéra?

— Ce qu'il y avait de neuf il y a dix ans; aussi nous n'allons plus là. Nous avons transporté nos pénates dans les théâtres du boulevard, depuis les Variétés jusqu'aux Délassements-Comiques.

— Ne connaissez-vous pas une comédienne au théâtre des Variétés, très-renommée pour ses aventures? Une vertu primitive ; je veux parler de mademoiselle Béatrix.

— Ah! parbleu! une grande dame et une grande folle dans ses manières, Clairon, moitié Manon Lescaut. Chez elle, tout est comédie ou roman.

— C'est bien elle. Sait-on d'où elle vient!

— On n'apprend cela qu'au tribunal, quand ces dames ont des procès avec leur mère. On ne sait pas d'où elles viennent, on ne sait pas où elles vont, c'est à merveille; cela leur donne plus de ragoût. On peut bâtir tout à son aise un roman avec leur commencement et avec leur fin. Quand on cueille une rose, s'inquiète-t-on jamais du rosier, du printemps et de l'hiver ? Si j'ai bonne mémoire, j'ai ouï dire que Béatrix n'était pas d'une naissance obscure ; on parlait d'un comte. Attendez donc : je crois bien qu'elle se nomme mademoiselle de Béthisy.

— Vous croyez ?

— Ce nom-là ne sonne pas trop mal. Je me rappelle lui avoir entendu parler avec une emphase théâtrale du château de *ses ancêtres*; mais vous savez qu'il ne faut pas ajouter foi à toutes ces histoires de comédiennes.

— Elle ne parlait pas de son père?

— Est-ce qu'il est possible qu'elle ait un père? C'est, d'ailleurs, une fille de trop d'esprit pour entretenir ses amants des malheurs de sa famille. Il n'y a plus que les demoiselles de comptoir qui s'apitoient sur les désastres de leur maison.

— Elle a des amants?

— Beaucoup, ou pas un seul, car cela revient au même.

— C'est-à-dire qu'elle n'aime personne.

— J'imagine ; mais les jolies femmes sont faites pour être aimées ; elles aiment quand elles ont du temps de trop.

— Cependant, il m'a semblé qu'elle aimait M. d'Orbessac.

— Vous l'avez donc vue?

— Oui, par hasard, je ne sais plus où, j'en rougis encore.

Madame de Fargiel se pencha vivement à la fenêtre pour cacher son trouble.

— Sans doute, elle vous aura amusée par son *humour* et ses extravagances.

— Elle était assez morose ce jour-là. **M. d'Orbessac**, vous le connaissez?

— Qui ne le connaît un peu ? C'est lui surtout qui est *humoriste* et extravagant. Nous nous rencontrerons sous peu, car l'un de nous deux, je ne sais plus lequel, doit à l'autre un bon coup d'épée.

— C'était comme un pressentiment, pensa avec joie madame de Fargiel.

— Et quand vous rencontrerez-vous ? demanda-t-elle au prince en ayant l'air de prendre beaucoup d'intérêt à la question.

— Demain peut-être, à moins qu'il n'oublie mon offense, car je me souviens que c'est moi qui l'ai offensé.

Le prince se mit à rire en se rappelant la course au clocher de Maurice et de Béatrix.

Il raconta toute cette aventure à madame de Fargiel, qui, à son tour, lui apprit que c'était à la suite de cette promenade forcée que le comte d'Orbessac et la comédienne avaient fait une halte au château de son père.

— Ah! dit-elle pour contrarier un peu le prince, ce comte d'Orbessac est un homme charmant : beaucoup d'esprit, beaucoup de cœur; car je dois vous avouer qu'il me fait la cour. Tout ce qu'on peut dire de galant et de tendre, il me l'a dit.

— En vérité, s'écria le prince avec un mouvement de dépit, cela passe un peu les bornes. Comment, ce n'est point assez de m'enlever mes comédiennes, il ose encore se jeter à ma rencontre chez les grandes dames! Ce faquin! Je lui défends de reparaître devant vous.

Mais la comtesse, avec perfidie :

— Il pourrait bien vous dire la même chose.

— Mais vous, madame, demanda le prince d'un air à la fois surpris et suppliant, que lui diriez-vous?

Madame de Fargiel soupira.

— Vraiment, je ne sais que vous répondre... La raison du plus fort est toujours la meilleure.

— Vous faites bien de me parler ainsi, madame, car si nous nous battons...

— Oh! monsieur...

— Ah! madame, j'en suis fâché pour vous, mais nous nous battrons. Je suis très-surpris qu'il ne m'ait pas encore envoyé ses témoins, il n'est pas toujours libre; on le rencontre quelquefois partout ailleurs qu'en France. On ne dépense pas deux cent mille francs par an sans être obligé de temps à autre de perdre de vue ses créanciers.

— M. d'Orbessac a des dettes? dit madame de Fargiel avec une voix comprimée.

— Il en a peu, répondit nonchalamment le prince; il ne doit guère que ses chevaux, ses voitures, son loyer et les robes de sa maîtresse; des misères! cela ne vaut pas la peine d'en parler.

— Et ses créanciers ne sont pas toujours d'accord avec lui?

— Ah! mon Dieu! excepté le père Salomon, qui lui a prêté trois ou quatre cent mille franc sur je ne sais quel comté imaginaire, les créanciers de M. d'Orbessac sont des gens bien dressés, mais le juif n'entend pas toujours raison. Quand par hasard, la nuit, il a rêvé de son argent, il est sans pitié le matin, il met trois ou quatre gardes de commerce aux trousses de son spirituel créancier, car il a obtenu contre lui une contrainte par corps. Cet hiver, il avait fait saisir M. d'Orbessac ; mais il lui a rendu la liberté, on ne sait par quel mystère.

— Et où demeure cet honnête homme de juif ?

— Quelle idée !

— Je ne sais trop ce que je dis, mais je voulais savoir si ce n'était pas un vieillard rachitique, au regard fauve, qui demeure dans ma rue. Chaque fois que je sors ou que je rentre, j'ai l'ennui de le rencontrer.

— C'est un autre juif, sans doute, car le nôtre (je dis le nôtre, parce que nous l'avons tous un peu fréquenté) demeure rue de la Michodière, du côté du boulevard. C'est un très-singulier personnage ; il remue des millions dans un entre-sol où vous ne voudriez pas loger une rivale. Il dispose à son gré de bien des événements. En effet, il tient à lui, à lui seul souvent, que telle aventure galante arrive à bonne fin. En amour, celui qui compte sans le père Salomon doit s'attendre à compter deux fois. Vraiment, la Providence prend quelquefois d'étranges figures pour nous secourir dans les mauvais jours. Or, le père Salomon est la Providence pour beaucoup d'entre nous : c'est le ministre des finances de la jeunesse dorée.

— Peut-être aussi pour moi cet usurier sera la Providence, pensait madame de Fargiel.

— Prince, dit-elle tout haut, est-ce que vous retournez Paris ?

— Oui, madame ; j'avais des visites à faire à l'abbaye de Royaumont ; je n'ai rencontré personne. Je voulais presque y retourner ; mais voilà le soleil qui s'en va.

— Ma voiture est partie pour l'Ile-Adam ; voulez-vous m'emmener dans la vôtre, car les chevaux de mon père vont deux à deux, comme les bœufs de la chanson?

— Madame, je suis enchanté de l'honneur que vous me faites ; mes chevaux iront comme le vent ; si vous les voulez demain pour revenir, ils seront à votre disposition.

— Je vous remercie ; je vais donner des ordres pour que mon cocher, au retour de l'Ile-Adam, aille me joindre à Paris.

XIX

UN ROI

Il n'était pas nuit encore quand madame de Fargiel se présenta seule à une des maisons de la rue de la Michodière qui avoisinent le boulevard. Le prince de Waldesthal l'avait conduite chez elle ; elle s'était jetée presque aussitôt dans le premier fiacre venu ; enfin, elle arrivait au but de son voyage.

— M. Salomon ? dit-elle à une portière renfrognée.

— C'est ici ; mais M. Salomon ne reçoit pas tous ceux qui se présentent ; le pauvre homme, il aurait fort à faire.

La portière avait mis la tête à la fenêtre pour regarder la visiteuse. Après l'avoir considérée des pieds à la tête, elle daigna lui dire :

— Après tout, peut-être est-ce qu'il voudra vous recevoir. Suivez-moi.

Madame de Fargiel monta l'escalier en silence.

— N'allez pas si haut ; ne dirait-on pas qu'on demeure sur le toit ?

Madame de Fargiel avait oublié que le juif demeurait à l'entre-sol. La portière montra qu'elle possédait une clef pour ouvrir la porte de Salomon. Depuis que cet honnête homme était veuf, il n'avait voulu pour tout serviteur que la portière de la maison.

Madame de Fargiel traversa deux pièces obscures, encombrés de vieux meubles. Ayant entendu un bruit de pas, M. Salomon, vieux parchemin ridé, vint sur le seuil de son cabinet, comme un loup, moitié craintif, moitié affamé, qui va flairer au bord de son antre.

— Monsieur Salomon, dit madame de Fargiel, je viens à vous sur la recommandation du prince de Waldesthal.

Le juif fit signe à la portière qu'elle pouvait le laisser seul avec la visiteuse. Elle s'en alla comme elle était venue, — en grognant. — Les propriétaires n'ont pas pour rien bâti des niches au pied de leurs maisons.

Madame de Fargiel était entrée dans le plus étrange cabinet qui soit à Paris, la capitale des choses singulières. Une boutique de bric-à-brac, un jour de déménagement, en donnerait presque une idée. On y voyait des tableaux de prix, les plus curieuses crédences, des étagères admirablement sculptées, des porcelaines de tous les pays, des tapisseries des Gobelins fraîches comme il y a deux siècles. M. Salomon ne permettait à nul autre qu'à lui-même de balayer les araignées, dans la crainte qu'on ne lui brisât quelque morceau de Sèvres ou de Saxe, de Chine ou de Japon.

— Vous avez là des choses bien précieuses, dit en entrant madame de Fargiel.

— Ne m'en parlez pas, dit le juif en haussant les

épaules, tous ces brimborions me coûtent assez cher, et dorment là sans me rapporter cinq sous par an.

— Vous avez du moins le plaisir de vivre au milieu des merveilles de l'art.

— Est-ce que j'y entends quelque chose! Je voudrais bien avoir en bel argent comptant la moitié de ce que m'ont coûté ces merveilles. Que voulez-vous? la plus belle fille du monde ne peut donner que ce qu'elle a. Quand je porte cinquante mille francs à des grands seigneurs ruinés qui ne peuvent plus me donner hypothèque sur leurs terres, je prends hypothèque sur leurs meubles. Voilà comment j'ai appris à connaître la valeur d'un Raphaël ou d'un Rembrandt. Voyez-vous là-bas cette Vierge au Palmier? Attendez, je vais secouer la poussière...

Madame de Fargiel était si étonnée de voir tant de richesses amoncelées en un si petit espace, qu'elle oubliait presque le but de sa visite. Elle suivit le père Salomon devant le tableau attribué à Raphaël.

— Eh bien, dit-il en secouant la tête, comment trouvez-vous cela? Est-ce que le Musée du Louvre possède une œuvre pareille? Je suis encore assez hardi, car j'ai prêté cinq mille louis là-dessus.

— Cinq mille louis! dit madame de Fargiel d'un air distrait; vous les rendra-t-on?

— Oui, oui, car cette Vierge, telle que vous la voyez, elle appartient à un musée d'Italie. C'est un grand-duc qui me l'a apportée pour un an ou deux. On croit là-bas qu'un peintre a obtenu le privilége d'en faire une copie à son atelier. — En vérité, poursuivit le juif en penchant la tête d'un air admiratif, je me suis habitué à vivre comme en famille avec cette figure-là. Quand le grand-duc m'apportera dix mille louis pour que je la lui rende...

— Dix mille louis! Je croyais que ces choses-là ne vous rapportaient aucun intérêt?

— Je voulais dire à jour fixe. Cent pour cent, ce n'est pas trop, car je cours bien des chances : on peut me voler; je suis obligé de veiller sur tout cela sans un quart d'heure de distraction. Et puis la guerre, l'incendie, les révolutions, que sais-je! Mais j'oubliais de vous offrir un siége; tenez, voilà un fauteuil sur lequel j'ai prêté cinq mille francs.

— Cinq mille francs! dit madame de Fargiel; c'est impossible, car c'est un simple fauteuil en tapisserie.

— Eh bien, oui, un simple fauteuil en tapisserie. Vous ne comprenez donc pas?

— J'avoue que...

— C'est bien simple. Cette tapisserie a été travaillée par une femme à la mode sous les yeux de monsieur son mari pour monsieur son amant. L'amant me l'a proposé comme bonne et valable hypothèque un jour qu'il voulait jeter de la poudre aux yeux d'une petite fille des parages de l'Opéra. Comme je sais que l'amant tient à la dame, s'il ne me donne pas dix mille francs au 15 juillet (c'est l'époque où ils partiront ensemble pour les eaux), je m'amuserai à brouiller les cartes. J'ai, d'ailleurs, un billet en bonne forme.

— On m'avait dit, en effet, dit madame de Fargiel de plus en plus surprise, que vous jouiez un grand rôle dans toutes les passions profanes du monde parisien.

10.

— Il faut bien tenir un peu de place au soleil. Tout ce que vous voyez là, ce n'est rien. J'ai dans ce vieux meuble, déchiqueté par les vers, environ deux cents autographes qui valent bien un million. C'est là surtout que l'hypothèque est bonne. En effet, quand l'amant qui m'a donné la lettre de sa maîtresse en nantissement ne me paye pas pour une raison ou pour une autre, j'adresse un mot à celle qui l'a écrite : c'est toujours une femme du monde, car je n'accepte pas de mauvaises écritures. Elle accourt et ne marchande guère longtemps. J'ai ouï parler de quelques romanciers qui vendaient leurs œuvres à deux ou trois francs la ligne? pour moi, je vends mes manuscrits à deux ou trois mille francs la ligne. Il y a pourtant des femmes qui ne veulent pas s'acheter ou se racheter si cher. Que fais-je alors? j'appelle le mari. Quand le mari est un homme spirituel sur ce chapitre ce qui n'arrive pas souvent, il se moque de moi et de sa femme; mais j'ai encore d'autres ressources, je m'adresse au père. Vous voyez que j'ai des garanties sans nombre. Tout ce que je vous dis là, ma belle dame, ce n'est pas pour faire étalage de mon importance, c'est pour vous mettre plus à l'aise, car j'imagine que vous venez...

— Je viens pour vous offrir une garantie sur une mauvaise créance.

— Parlez, madame, parlez. Je suis un confesseur. Tout ce qui m'est confié est là pour jamais.

Le juif se frappait la mamelle gauche, comme s'il y avait eu quelque chose dessous.

— Vous connaissez M. le comte d'Orbessac?

— Si je le connais! dit le père Salomon avec une figure épanouie. C'est mon enfant prodigue, que j'ai cousu d'or; mais quel gouffre! quel abîme!

— Combien vous doit-il? demanda madame de Fargiel, qui ne voulait pas s'engager trop loin.

— C'est selon.

— Enfin?

— Je ne saurais vous dire.

— Sur la somme qu'il vous doit, je vous garantis vingt mille francs si vous voulez faire conduire M. d'Orbessac à Clichy pendant huit jours.

— Rien n'est plus simple; j'ai toujours des contraintes par corps contre tous ceux qui dépensent mon argent; mais Clichy est un moyen usé; c'est bon pour les créanciers vulgaires : on va encore à Clichy, mais on ne paye plus ses dettes pour en sortir. Cependant, si vous croyez qu'il faille emprisonner un peu notre ami d'Orbessac, car je suppose qu'il est votre ami, puisque vous lui voulez du mal, nous y aviserons. Ce n'est pas cependant la chose du monde la plus aisée. M. d'Orbessac sort souvent à cheval; or, quand il est à cheval, on mettrait en vain tous les gardes de commerce après lui. D'ailleurs, les gardes de commerce le connaissent trop bien; même quand il est à pied, ils n'osent l'approcher, car il est capable de tout. Je ne demande pas mieux que de l'empêcher pendant huit jours de faire des folies, mais il faudrait, madame, y prêter la main.

— Moi, monsieur, que me dites-vous là!

— Qui veut la fin, veut les moyens. Est-ce qu'on aurait jamais pris Samson sans Dalila, — sans comparaison, madame? — Voyez-vous, il y a toujours quelqu'un de plus fort qu'un homme, c'est une femme. Je sais ce que je dis, et vous m'entendez. Avec des yeux comme les vôtres, on peut conduire M. d'Orbessac comme un enfant.

— Peut-être.

— Allons, allons, je n'aime pas une femme qui doute de ses forces. Je vous réponds du succès. Prenez la peine de vous avancer à ma petite table ; voilà du papier et de l'encre, écrivez.

Madame de Fargiel obéit lentement.

— Que vais-je écrire ?

L'usurier prit la lampe qui était sur un bahut et la posa sur la table. Il avait l'expression du diable aux yeux de flammes des légendes du moyen âge.

Madame de Fargiel choisit une plume, et regarda le père Salomon avec un peu d'inquiétude.

XX

DALILA ET MADELEINE

— Écrivez donc, répéta le juif à madame de Fargiel, car elle semblait hésiter.

Enfin elle écrivit sous la dictée du banquier :

Je soussignée (avec deux e, c'est cela), *je soussignée reconnais devoir et m'oblige de payer à M. Salomoa, banquier, demeurant à Paris, rue de la Michodière, n° —, à sa première réquisition, la somme de vingt mille francs, pour pareille créance que m'a déléguée M. le comte Maurice d'Orbessac...*

Madame de Fargiel laissa tomber la plume.

— Je n'écrirai jamais cela.

— Que voulez-vous? Il faut que tout ceci soit en règle.

— Pourquoi ce nom de M. d'Orbessac?

— Pour vous compromettre et me garantir de votre payement. Si vous avez de la bonne volonté, ce billet ne courra pas le monde, il rentrera dans vos mains; ainsi, que vous importe?

— Voyons, hâtons-nous.

— Il n'y a plus à mettre que la date et la signature.

Le juif écrivit rapidement sur une autre feuille de papier :

Si, par ma sollicitude, M. le comte Maurice d'Orbessac ne va pas à Clichy demain, je reconnais abandonner tous mes droits sur l'obligation que m'a souscrite aujourd'hui madame...

— Madame?... madame?... j'ai bien de la peine à lire votre nom.

— Madame la comtesse de Fargiel, dit Régine en dévorant sa honte.

— Voilà une garantie. Lisez, et vous verrez si j'entends les affaires.

Madame de Fargiel lut et plia le papier.

— Maintenant, ce n'est pas tout : il s'agit de tendre une embûche à notre ami Maurice. Vous allez lui écrire pour qu'il aille demain vous saluer... Je ne sais où... Que diable! ce n'est pas à moi à faire tous les frais d'imagination. Il serait bon de l'entraîner du côté de Clichy, car, s'il fallait le conduire bien loin, je ne réponds pas qu'un régiment y parviendrait.

— J'ai trouvé, dit madame de Fargiel en ressaisissant la plume.

Elle écrivit :

« J'ai un mot à vous dire, monsieur, un mot d'adieu peut-être. Venez donc demain matin, vers dix heures, sur le boulevard des Capucines; vous reconnaîtrez ma voiture.

» Mille et un compliments,

» Comtesse DE FARGIEL. »

— C'est bien, dit le père Salomon, qui s'était penché au-dessus de Régine, vous avez fait vos grades dans la diplomatie.

Madame de Fargiel plia la lettre, la cacheta et écrivit :

Monsieur le comte d'Orbessac,
rue de la Chaussée-d'Antin.

— Mais s'il ne rentrait pas chez lui? dit l'usurier en hochant la tête.
— A la grâce de Dieu! dit madame de Fargiel.
Elle se leva et partit avec la lettre à la main.
Arrivée chez elle :
— Tenez dit-elle au domestique qui vint lui ouvrir, M. le comte d'Orbessac demeure rue de la Chaussée-d'Antin, je ne sais pas à quel numéro ; il faut à toute force qu'il lise cette lettre aujourd'hui.

Maurice rentra chez lui vers minuit ; il se laissa prendre par curiosité à la lettre de madame de Fargiel.

« J'ai un mot à vous dire ; un mot d'adieu, peut-être. »

— J'irai, dit-il ; ce qu'elle dira ne peut que me servir dans la mission que je me suis confiée à moi-même.

Un peu avant dix heures il se promenait sur le boulevard, le regard levé sur les rares équipages qui passaient à cette heure où le vrai Paris se réveille à peine.

Il reconnut la voiture de madame de Fargiel ; les chevaux allaient au pas, il eut tout le temps de s'approcher de la portière, sans avoir l'air de se hâter. Il salua gravement.

— Ah ! bonjour, monsieur, dit-elle nonchalamment, j'avais oublié...

— Je vous écoute, madame.

— Attendez donc... je suis si préoccupée du danger où se trouve mon pauvre père ! Tenez, je vais au château de Marvy...

Tout en parlant, madame de Fargiel jetait un regard furtif vers la rue Basse-du-Rempart, car c'était là que devaient se trouver les alguazils de Clichy.

— Vous allez au château de Marvy ? répéta lentement Maurice ; j'espère vous y voir demain, ce soir peut-être, avec vos deux sœurs, mesdemoiselles Clotilde et Marguerite de Parfondval.

— A demain donc, monsieur, dit madame de Fargiel, qui voyait Maurice cerné de toutes parts. — Je serai enchantée de vous rencontrer là-bas, continua-t-elle (c'était le chat qui joue avec la souris). Ce que j'ai à vous dire, je vous le dirai au château... Vous voulez donc toujours lutter contre moi ? ajouta-t-elle avec un léger sourire.

— Quand on vous a vue, madame, on est forcé d'être votre ami ou votre ennemi.

A cet instant, madame de Fargiel remonta lestement; le cocher, averti d'avance, partit au grand trot. Les gardes de commerce ne laissèrent pas longtemps seul Maurice sur la chaussée.

—Monsieur le comte d'Orbessac? dit l'un deux.

Maurice était si loin, par la pensée, des gardes de commerce, qu'il répondit avec distraction :

— Oui, je suis le comte d'Orbessac.

— Eh bien, monsieur le comte, dit l'alguazil en exhibant un mandat, je suis obligé de vous conduire à Clichy.

— A Clichy! s'écria Maurice en levant fièrement la tête.

Il s'aperçut seulement alors qu'il était aux mains d'une horde de gardes de commerce.

— Pourriez-vous me dire, demanda-t-il, le nom de la bonne âme qui se charge ainsi des frais de mon logement?... Mais qu'importe? Je comprends, poursuivit-il en frappant du pied avec indignation, me voilà joué par madame de Fargiel!

Un fiacre avait été amené; Maurice, jugeant qu'aucune résistance n'était possible, monta dans le fiacre et se laissa conduire vers la prison, tout en songeant à sa liberté. Comme il arrivait là en pays de connaissance, il y fut accueilli avec toutes sortes de bonnes grâces.

— Avez-vous des cigares? lui demanda-t-on d'abord. A propos, votre ami, ce pauvre baron chevelu, est ici depuis hier.

— J'en suis bien aise pour lui, dit Maurice d'un air distrait. Voulez-vous le prier de me recevoir un instant?

On conduisit Maurice à la chambre du jeune baron.

— Quelle bonne fortune pour moi! dit celui-ci au nouveau venu. Est-ce que vous êtes ici pour longtemps?

— C'est selon, répondit Maurice, peut-être jusqu'à demain matin.

— Ce ne serait pas la peine d'y venir.

— D'autant moins que j'aime quelquefois Clichy; c'est le seul lieu du monde où j'ai le loisir de descendre en moi-même. Cependant il faut tout dire, je n'y suis guère venu que pour mes amis. Mais vous, comment diable êtes-vous ici? J'espère bien que c'est la dernière de vos folies.

— Sans métaphore, dit le baron qui voulait prouver de la philosophie, les femmes m'ont conduit à Clichy par les chemins de fer; j'ai voulu faire de bonnes actions, j'en ai pris de mauvaises. Ah! mon cher comte, si jamais vous allez de Strasbourg à Bâle, faites-y voyager toutes mes malédictions. Je n'avais d'abord perdu que cent soixante-quinze mille francs à la baisse; je me suis retourné : hélas! le monde entier s'est acharné à ma ruine; tantôt c'était l'Espagne qui se battait contre l'Espagne, dix francs de baisse; tantôt le roi des Français qui n'avait pas soupé, dix francs de baisse; tantôt la reine d'Angleterre qui était en couches, dix francs de baisse.

Le baron raconta mot à mot toutes ses infortunes au jeu. Il avait fini par s'attendrir sur lui-même; — car, dit-il en terminant, me voilà pauvre pour longtemps.

Maurice, en bon camarade, lui fit apporter du vin de Champagne frappé, et, bien qu'il prît en pitié tous les paradoxes qui font de Clichy un paradis terrestre d'où sont bannis les créanciers, il tint joyeusement compagnie au baron, voulant aussi prouver qu'il était philosophe.

Cependant, il rêvait gravement à tous les moyens connus et inconnus de sortir au plus vite, non pas pour lui d'ailleurs, car il comprenait bien qu'on y passât toute une semaine, mais pour Béatrix et pour Marguerite, dont il voulait faire triompher la cause en face de madame de Fargiel.

Il prit une plume et écrivit :

« Ma belle et douce et charmante Béatrix, ne vous effrayez pas si je vous dis que je suis prisonnier de guerre, c'est-à-dire prisonnier de votre sœur, madame la comtesse de Fargiel, qui me redoute à si juste titre. Votre sœur a beaucoup de dispositions pour la diplomatie. En cette circonstance, elle espérait compter sans *son hôte*, mais elle comptera deux fois, car son hôte espère bien sortir demain de Clichy, toujours décidé à vous conduire, vous et mademoiselle Marguerite, au château de Marvy. Nous n'avons pas de temps à perdre. Je m'aperçois même que je fais presque des phrases, ce qui est hors de propos. Allez tout de suite rue de la Michodière, vers le boulevard, chez un vieux banquier qui s'appelle Salomon. C'est ma Providence, un juif qui serait capable de me prêter un écu sur ma parole. Vous lui direz qu'à la veille d'une grande entreprise on m'a conduit en prison, pour quelques billets anciens. Signez tout ce qu'il vous dira de signer. C'est un honnête homme qui prend des hypothèques ; mais, quand il a tiré cinquante pour cent de son argent, il est heureux. Je suis son enfant gâté ; je ne doute pas qu'à votre prière de me délivrer il ne prenne sa canne à bec-de-corbin et n'aille à l'instant trouver qui de droit et n'obtienne au moins quelques jours de liberté ; c'est tout ce qu'il nous faut.

» Cette lettre vous expliquera pourquoi je ne suis pas retourné ce soir chez toi, adorable fille d'Ève. Ah! je vous aime, Béatrix! Mais, comme tu me le disais si bien hier, je t'aime tristement. Tiens, je m'efforce à la gaieté, mais j'ai le cœur inquiet. Est-ce qu'il y aurait un malheur entre nous? Un poëte a dit : « Le pres-
» sentiment est un écho qui répond d'avance. » J'entends déjà l'écho. Je ne sais plus ce que je dis, Béatrix, je t'aime, voilà tout.

» J'embrasse, madame, vos cils d'ébène et vos ongles de rose.

» Le comte d'Orbessac. »

Quand Béatrix reçut cette lettre, elle était seule attendant Maurice. Elle la lut avec une surprise douloureuse.

— C'est cela, dit-elle à plusieurs reprises; c'est mon malheur qui commence. C'était bien la peine de retrouver mon père! Mais suivons les ordres de Maurice.

Elle jeta son mantelet sur ses épaules et descendit, résolue à aller à pied chez M. Salomon. Elle croyait se rappeler que déjà Maurice ou quelque autre lui avait parlé du petit banquier juif.

Elle le trouva qui respirait avec délices la poussière de ses vieux meubles. Il n'avait pas reçu de visite depuis celle de madame de Fargiel.

— Oh! oh! dit-il en lui-même, voilà encore une beauté inconnue.

Il salua galamment Béatrix.

J'ai oublié de dire que M. Salomon ne daignait recevoir habituellement que les femmes jeunes et belles. — Car, disait-il, avec celles-là, il y a toujours de la ressource.

Il fut frappé de la rayonnante beauté de la comédienne.

— Quel éclat! quelle jeunesse! quel luxe! marmottait-il entre ses dents. J'espère que celle-ci ne vient pas, comme la comtesse de Fargiel, me prier de séquestrer son amant.

— Monsieur, lui dit Béatrix, je suis envoyée chez vous par M. le comte Maurice d'Orbessac.

— C'est bien, se dit le juif, l'affaire a réussi... Est-il à Clichy? demanda-t-il à Béatrix.

— Qui vous l'a dit?

— Je sais tout.

— Alors, vous savez pourquoi je viens à vous.

— Pour le délivrer. C'est convenu. Dans huit jours.

— Huit jours! s'écria Béatrix avec terreur; mais tout est perdu s'il n'est pas libre demain !

— Demain, c'est impossible.

M. Salomon pria Béatrix de s'asseoir sur le fauteuil même où s'était assise madame de Fargiel, moins de vingt-quatre heures auparavant.

— Attendez-moi un instant.

Il alla vers son vieux meuble à papiers. Il fallait trois clefs pour l'ouvrir; ces trois clefs étaient toujours pendues à son cou. Il prit dans un tiroir l'obligation de vingt mille francs qu'avait signé madame de Fargiel.

— Voyez, dit-il en revenant vers Béatrix.

Il lui montrait le chiffre de vingt mille francs, tout en cachant la signature de la comtesse.

— Je sais qui a signé ce billet, dit Béatrix avec colère, c'est ma sœur, madame de Fargiel.

— Qu'importe? reprit le juif un peu surpris, quoiqu'il fût habitué à ces ententes cordiales de famille.

— Il m'en coûterait vingt mille francs pour donner la liberté à mon cher d'Orbessac! Que diable! vingt mille francs, cela ne se trouve pas tous les jours sous des pieds d'une jolie fille; il n'y a guère que Fanny Essler et Carlotta Grisi...

— Mais si je vous les donnais, les vingt mille francs?

— C'est vrai, mais vous ne les avez pas; je sens cela tout de suite. Et puis, d'ailleurs, j'ai engagé ma parole pour huit jours. Ce diable de Maurice est bien heureux, en vérité, d'avoir pour maîtresses deux sœurs si charmantes.

— Monsieur, dit Béatrix en se récriant, M. le comte d'Orbessac n'est pas l'amant de ma sœur.

— Tant pis pour lui! tant pis pour moi! Pour en revenir à vous, que puis-je faire?

— Je vous l'ai dit, il me faut la liberté pour M. d'Orbessac.

— La liberté! la liberté! vous parlez de cela comme s'il s'agissait de la liberté d'un criminel.... Attendez cependant... je me souviens que, dans l'engagement que j'ai donné à madame de Fargiel, je me suis obligé seulement à emprisonner Maurice; elle avait bien, il est vrai, dit pour huit jours, mais je n'ai pas signé cela. Il vous faut Maurice demain?

— Oh! oui, je vous en supplie, dit Béatrix en joignant les mains.

— Eh bien, vous l'aurez... mais vous me donnerez vingt-cinq mille francs.

— Vingt-cinq mille francs! Je n'ai rien.

— Allons donc! dit le juif avec un sourire hasardé, vous les trouverez. Pendant plus de dix ans tous les trésors du monde sont à vous.

— Ainsi, dit Béatrix en se levant, je compte sur vous?

— C'est entendu, je vais de ce pas donner mon désistement; mais signez-moi cela.

— Allons donc! ma parole...

— Elle a raison!... Touchez là, dit le juif en tendant la main à Béatrix.

La pauvre fille était si heureuse d'avoir réussi dans sa mission, qu'elle donna la main de bon cœur.

— C'est étonnant, dit M. Salomon tout ému, c'est la première fois que je laisse partir une femme sans autre gage qu'une poignée de main. Ah! la belle fille!

Béatrix descendait l'escalier quatre à quatre. Arrivée dans la rue, elle se jeta dans un fiacre qui passait, et se fit conduire à Clichy.

— Ah! dit-elle en embrassant Maurice avec une expansion de joie et d'amour, il me semble que tu es en prison depuis un siècle. Maurice, Maurice, je ne peux plus vivre sans toi. Dès que tu n'es plus là, je manque d'air et de soleil : demain nous irons voir mon père. S'il ne veut pas me reconnaître, qu'importe? tu seras là, Maurice; je t'aime comme une folle; je ne vis plus que pour toi, je serais heureuse de mourir pour toi.

XXI

HISTOIRE DE MARGUERITE

Le lendemain, à dix heures, Maurice était libre. Il courut chez Béatrix.

Il eut beaucoup de peine à trouver le nouvel appartement de la comédienne, grâce aux indications bienveillantes de la portière; au cinquième étage, il sonna à tout hasard. La femme de chambre de Béatrix vint ouvrir et lui expliqua tout en peu de mots.

— Mademoiselle Béatrix voulait aussi me renvoyer comme les autres, ajouta-t-elle; mais si on ne me veut plus, il faudra qu'on me chasse.

C'était une rusée Normande, qui voyait bien que tôt ou tard elle y trouverait son compte. Elle conduisit Maurice vers Marguerite, qui n'avait pas quitté sa sœur depuis deux jours. Elle était assise à la fenêtre, lisant un journal.

— Vous voyez, dit-elle en rougissant, que je reprends les mauvaises habitudes du monde. Ma sœur vient de sortir sans me dire où elle allait.

Maurice était pénétré de reconnaissance et d'enthousiasme pour la noble résolution de Béatrix, qui s'était violemment détachée des chaînes impures de la passion, et qui, pareille à l'oiseau qu'un rayon d'avril réveille à la liberté, s'était envolée de sa cage dorée pour aller se baigner dans l'air vif.

— Je vous assure, dit Marguerite à Maurice, que je n'ai jamais vu un plus noble et plus touchant spectacle. Elle a tout quitté vaillamment, sans un lâche regret. Il n'y a que pour ses chevaux qu'elle a eu des larmes, mais ses robes et ses bijoux, elle a tout jeté victorieusement à ses pieds.

— Ce que vous me dites là me va droit au cœur ; car vous savez comme j'aime Béatrix !

Marguerite ne répondit pas. Maurice venait de s'asseoir à côté d'elle ; il admira encore, tout en pensant à Béatrix, la beauté adorable de la religieuse. Peu à peu, l'image de Béatrix se perdit dans le lointain doré de l'imagination : il ne vit plus que Marguerite par l'âme comme par les yeux.

— Il y a, dit tout à coup Maurice en regardant toujours Marguerite d'un œil devenu trop tendre, il y a des femmes qu'on ne peut voir sans amour... J'aime Béatrix, et je vous aime... comme ma sœur.

— Prenez garde, dit Marguerite avec une profonde expression de tristesse, vous ne savez pas qui vous aimez.

Ces paroles inattendues surprirent Maurice.

— Je sais toute votre vie, dit-il à tout hasard ; vous êtes pure comme le ciel et douce comme le jour. Vos pieds sont trop délicats pour marcher avec les hommes, vous vous êtes tournée vers Dieu.

— A ce portrait, je ne me reconnais point ; vous voulez parler d'un ange, je ne suis qu'une femme. Vous croyez que je porte avec moi l'esprit de Dieu, hélas ! je porte l'esprit du mal. Il y a un verset de l'Écriture qui dit :

« La douleur me suit et frappe tous ceux qui m'entourent. »

» Ce verset fatal, on aurait pu l'inscrire sur mon berceau. Écoutez donc.

Maurice, de plus en plus surpris, regardait avec émotion la figure plus animée de Marguerite.

— Voici, reprit-elle, mon histoire en peu de mots :

» A peine étais-je née, que ma mère mourait, et que mon père, la croyant coupable, fuyait mon berceau avec horreur.

» Qu'est-ce qu'une enfance d'orpheline destinée à la pauvreté, enfance sans soleil et sans caresses ? J'étudiais beaucoup, non pas pour savoir, hélas ! mais pour apprendre aux autres.

» Je commençais à me sentir vivre dans nos fraîches campagnes du Bourbonnais, j'avais quinze ans ; la bonne mère Nature était ma mère, je courais avec une folle ardeur à travers les bruyères et les sainfoins, m'enivrant de rayons et de rosée ; mais il fallut partir pour Paris, car c'était là seulement que je devais trouver à gagner mon pain.

» Je n'ai jamais admis que, dans un pays civilisé comme la France, les femmes soient contraintes au travail, excepté à ce travail si doux de l'intérieur qui consiste à élever des enfants. Au moins, ce travail béni du ciel n'est pas payé avec de l'argent.

» Je ne pouvais pas me résoudre à devenir institutrice. Cependant une occasion se présenta. On avait parlé de moi à quelques grandes familles. Madame la vicomtesse d'A... avait une fille de huit ans qu'elle voulait garder auprès d'elle. Elle vint à moi; elle me pria de si bonne grâce d'aller chez elle instruire sa fille, ou plutôt jouer avec un enfant, que je me décidai, avec peine toutefois, comme si j'avais pressenti que je portais le malheur dans cette maison.

» J'habitais une petite chambre à l'entre-sol, sous l'appartement du vicomte d'A... J'y vivais assez tristement, mais assez résignée, aimant de tout mon cœur ma petite écolière.

» Un soir, il y avait bal d'enfants à la cour; la vicomtesse y conduisait sa fille. Le vicomte dit qu'il n'irait pas, sous prétexte qu'il attendait une communication du ministre, car il était dans la diplomatie. La vicomtesse partit seule. Je descendis à ma chambre, j'y allumai du feu et je pris un livre.

» Tout d'un coup j'entendis un bruit léger; je me retournai en tressaillant! c'était M. d'A...

» — Est-ce que madame d'A... n'est pas partie? lui demandai-je gravement.

» Il parut tout déconcerté.

» — Ma femme est déjà aux Tuileries. Je ne viens pas pour vous parler d'elle, mais pour vous parler de vous-même.

» Je commençais à être inquiète. Il avait résolûment refermé la porte.

» — Mais, monsieur...

» — Marguerite, dit-il en voulant me saisir la main, ne l'avez-vous pas remarqué depuis longtemps, je vous aime comme un fou ?

» Je fus si effrayée, que je me précipitai vers la porte. Il me retint et me ramena de force au milieu de la chambre.

» — Marguerite, écoutez-moi, dit-il d'un air décidé, voilà ce que je veux faire : je suis nommé consul en Amérique, je vais partir ; je n'en ai rien dit à ma femme, qui l'apprendra sans doute par les journaux. Dans une heure, une chaise de poste viendra me prendre ici pour me conduire au Havre. Je ne veux point partir seul, je vous enlève.

» J'étais de plus en plus effrayée.

» — Pourquoi m'enlever ? lui dis-je froidement, je ne vous aime pas.

» — Vous ne m'aimez pas ? vous m'aimerez ! Songez donc que c'est pour vous seule, que c'est pour vivre en paix avec vous que je me suis fait exiler à quatre mille lieues ; car j'ai bien compris que vous n'étiez pas une de ces femmes dont on fait sa maîtresse, qu'on emmène pour huit jours à Fontainebleau ou à Saint-Germain. S'il en était temps encore, je vous épouserais à la face des hommes, car je vous aime de tout mon cœur et de toute mon âme.

» Pendant qu'il parlait, je m'étais rapprochée de la porte : je parvins à l'ouvrir et je m'enfuis précipitamment. Il me rejoignit dans la cour de l'hôtel.

» — Si vous ne voulez pas m'aimer, dit-il en me pressant sur son cœur avec violence, si vous ne voulez pas m'aimer, il ne me reste plus qu'à mourir.

» Bien qu'on m'eût dit souvent que les amants parlaient de mort à tout propos, la voix de M. d'A... avait une telle expression de désespoir, que je me sentis touchée. Je connaissais un peu, d'ailleurs, le caractère du vicomte ; c'était une tête légère qui prenait feu au moindre vent ; on ne comptait plus ses folies.

» — Vivez, lui dis-je, mais oubliez-moi.

» Disant ces mots, je m'enfuis vivement. Cette fois, je fus assez heureuse pour arriver jusque devant la porte, qui venait d'être ouverte ; je m'envolai comme un oiseau. Je me blottis en face de l'hôtel, dans l'encoignure d'une porte. Le vicomte me poursuivit au hasard vers la rue Bellechasse.

» Je vis arriver la chaise de poste qui devait nous conduire tous les deux au Havre. En m'éloignant, je ne pus m'empêcher de songer à la destinée singulière qui m'eût attendue dans ce voyage.

» A minuit, quand madame d'A... rentra chez elle, elle demanda si son mari était couché. La femme de chambre, qui attendait en dormant, lui répondit qu'elle n'en savait rien. Madame d'A... alla au cabinet de son mari ; elle poussa un cri et appela au secours : le vicomte était baigné dans son sang. Il venait de se tirer un coup de pistolet ; il respirait encore. Sa femme s'approcha de lui, mais il prononça mon nom.

» J'appris le lendemain ce malheur foudroyant ; j'en fus malade d'épouvante. Je ne savais plus que devenir. Parmi les jeunes filles, pauvres comme je l'étais, que j'avais connues dans la maison de madame Lefébure (une vieille dame où nous descendîmes à notre arrivée à Paris), il en était une plus douce et plus jolie, que je me pris à aimer de tout mon cœur, comme j'aimais ma sœur Béatrix; c'était la joie et la providence de toute sa famille. Elle aussi gagnait son pain; mais aussi elle pouvait se dire qu'elle travaillait pour les autres. Elle gravait de la musique ou coloriait des estampes avec une telle rapidité, que, plus d'une fois, ses journées lui valaient jusqu'à huit francs. Il faut dire qu'elle se levait tôt et se couchait tard; il faut dire aussi que, hormis l'après-midi du dimanche, où elle allait respirer sur les quais et les boulevards, elle ne s'accordait jamais à elle-même une heure de repos.

» J'étais si touchée de cette vie édifiante, que je la suppliai, la pauvre Hortense, de me prendre avec elle. Ce fut son malheur.

» Elle avait un amant, un jeune médecin sans malades, qui n'avait vu d'abord en elle qu'une maîtresse, mais qui, après l'avoir connue par le cœur, s'était bien vite décidé à lui offrir son nom et sa fortune; cette fortune était médiocre.

» — Mais tant mieux, disait Hortense, j'aurai tant de plaisir à travailler pour lui!

» En effet, un travail comme celui-là, c'était presque une distraction, ce n'était pas tout à fait un art, mais ce n'était pas non plus un métier. Nous aimions la musique, nous aimions la peinture, nous chantions en gravant, nous parlions du Titien et de Rubens en coloriant. Ce fut le seul temps de ma vie où je compris le bonheur; mais vous dirai-je pourquoi j'eus quelques heures d'illusion?

» Hortense était sur le point de se marier. Le jeune médecin, M. Richard, venait tous les jours s'asseoir devant notre table; il était gai et ne manquait pas d'esprit. Avez-vous deviné? Le cœur est si faible à seize ans! je l'aimai. Je n'en dis rien à Hortense, je n'osais pas me le dire à moi-même.

» La pauvre fille!

» — Tu ne nous quitteras pas, me disait-elle en me prenant la main, et, quand cette bonne folle de Béatrix viendra, nous la retiendrons à dîner dans notre paradis ouvert à tous les vents.

» Je la laissais dire, je rougissais et je regardais M. Richard à la dérobée. Ce qu'il y eut de plus triste, c'est qu'il m'aimait.

» — Je n'y comprends rien, me dit un jour Hortense, du train dont il y va nous ne nous marierons jamais; il lui manque toujours quelque chose : aujourd'hui c'est son acte de naissance, demain c'est le consentement de sa mère.

» Je ne répondais rien; un voile de tristesse s'était répandu sur toute la maison; M. Richard n'avait plus d'entrain, Hortense était soucieuse, sa mère était inquiète.

» Un soir, je traversai la rue pour retourner chez madame Lefébure, où j'avais toujours mon lit. Un jeune homme m'aborde tout à coup.

» — Mademoiselle, dit-il en jetant son cigare.

» Je reconnus la voix de M. Richard; je me sentis défaillir; il me prit la main, j'étais sans résistance.

» — Vous avez compris, me dit-il, que je n'épouserai point Hortense?

» — Monsieur... dis-je en dégageant ma main.

» L'avouerai-je, hélas! ce qu'il venait de me dire était allé jusqu'à mon cœur.

» — Je sais bien, reprit-il que vous allez vous indigner, mais mon parti est pris ; si vous ne voulez pas m'entendre, Hortense n'y gagnera rien ; je l'ai aimée... je vous aime... mais je vous aime avec mille fois plus de force.

» — Monsieur, murmurai-je d'une voix mourante, je suis avant tout l'amie d'Hortense ; épousez-la, je ne retournerai plus chez elle.

» — Ni moi non plus, dit-il.

» Je rentrai vivement chez madame Lefébure. Le lendemain, j'écrivis à Hortense que j'étais souffrante ; je ne la trompais pas ; la rencontre de la veille m'avait bouleversée ; j'étais dans le feu de l'enfer.

» Vers le soir, madame Lefébure entra dans ma chambre avec une lettre à la main.

» — Tenez, Marguerite, on m'a dit que c'était de votre sœur.

» Pour la première fois de ma vie je sentis le mensonge courir sur moi comme le serpent.

» — Oui, une lettre de ma sœur, dis-je en brisant le cachet.

» J'avais reconnu, j'avais deviné, j'avais pressenti que c'était une lettre de M. Richard.

» Cette lettre, c'était la folie, la passion, le désespoir. Mon amour lui avait donné le vertige, comme s'il fut passé près d'un abîme. A cette lettre, je ne répondis rien. Le lendemain, dès le point du jour, après une nuit sans sommeil, j'allai ouvrir ma fenêtre ; mon premier regard que je voulais lever vers le ciel, tomba sur la fenêtre d'Hortense. Le croiriez-vous, la vue de cette fenêtre ne me donna pas un bon sentiment, mais une pensée de jalousie.

» Dans la matinée, un homme se présenta chez madame Lefébure ; il voulait, disait-il, me parler d'Hortense. Madame Lefébure était absente. La domestique le fit entrer dans ma chambre.

» Dès que la porte fut refermée, il se jeta à mes genoux? il fut si éloquent et si passionné, que je n'eus pas la force de prononcer le nom d'Hortense. Je me mis à pleurer, mais c'était des larmes de joie bien plutôt que des larmes de douleur.

» A mon agitation, à l'égarement de mes yeux, aux battements de mon cœur, à mes larmes surtout, il comprit trop que je l'aimais.

» — Quelle joie inespérée ! s'écria-t-il tout éperdu.

» Il me baisait les mains, il se jetait à mes pieds. La fenêtre était restée entr'ouverte ; il m'y entraîna sans savoir ce qu'il faisait, et moi, grand Dieu ! est-ce que je savais seulement où j'étais ?

» Mais, hélas ! Hortense était à sa fenêtre ! c'était l'heure où il venait la voir ; elle regardait dans la rue comme pour hâter son arrivée.

» Tout d'un coup, voulant me faire un signe d'amitié, elle nous aperçut...

» C'en était fait, elle comprit tout ; elle poussa un cri, elle tomba évanouie devant la petite table où elle avait rêvé le bonheur tant de fois et en notre compagnie à tous les deux. Cette pauvre fille, si courageuse pour lutter contre la misère, elle qui avait eu tant de force d'âme, elle succomba au premier coup qui la frappa au cœur!

» Sa vieille mère accourut au cri qu'elle avait jeté; elle la releva et la transporta sur son lit. Hortense ne se releva plus : dès ce jour elle eut le délire ; elle m'appela, car, après son amant et sa mère, c'était moi qu'elle avait le plus aimée ; elle m'appela pour me parler encore de son amour.

» Je courus à elle ; mais, quand j'arrivai, l'heure du délire était passée, elle me regarda avec le triste sourire d'une amitié trahie. J'étais dans l'enfer, Dante a-t-il rêvé ce supplice horrible ?

» — Hortense, Hortense, lui dis-je, indignée de moi-même, c'était un jour de folie ; il ne m'aimait pas, je l'ai aimé ; mais, sur mon âme, je te jure que je ne l'aime plus.

» Hortense ne m'entendait pas. Que vous dirai-je ? elle vécut huit jours, huit siècles pour elle et pour moi, passant de la raison au délire, se berçant d'illusions perdues et retombant en pleine réalité.

» Elle mourut. Il y eut un désespoir plus grand que celui de sa mère, ce fut le mien.

» Je n'avais pas revu M. Richard. En apprenant qu'Hortense était mortellement atteinte, il s'était tenu à l'écart. Trois jours après la mort, je revenais du cimetière, désolée de ne pouvoir mourir moi-même. M. Richard m'aborda dans la rue ; je passai fièrement, sauvage dans ma douleur. Il me suivit, me dépassa et se représenta devant moi.

» — Marguerite, je vous aime, me dit-il avec son accent passionné.

» — Et moi, je vous hais, lui répondis-je avec fureur ; c'est odieux ! vous l'avez tuée et vous n'êtes pas venu une seule fois lui dire de vivre.

» Mes paroles l'avaient irrité.

» — Je l'ai tuée ! C'est vous qui l'avez tuée, me dit-il en m'arrêtant de force : est-ce que je l'aurais délaissée si je ne vous avais pas vue ? Est-ce que je n'aurais pas résisté si je n'avais découvert du trouble dans vos yeux quand vous me regardiez, du trouble dans votre voix quand vous me parliez. Elle est morte ; puisque je l'ai perdue, vous êtes à moi...

» Il m'avait saisi la main, il me prit violemment le bras et voulut m'entraîner. Je le repoussai avec colère.

» — Tuez-moi, lui dis-je, mais ne me touchez pas !

» Les passants s'étaient arrêtés autour de nous. Il ne trouva plus rien à dire ; je m'éloignai en toute hâte sans savoir où aller. Ma sœur, pensais-je, il n'y a qu'elle seule qui voudra m'écouter.

» Béatrix demeurait rue de Buffault ; je la retrouvai en folle et joyeuse compagnie... Vous en souvient-il... Ce fut là que vous vis. Je vous remarquai même, sans doute, puisqu'un an après je vous reconnus à votre pèlerinage au couvent des Carmélites. « Quelle est donc cette jolie fille de la rue Saint-Jacques ? » demanda-t-on à ma sœur en me voyant entrer, car je n'avais ni les manières hardies, ni la toilette éclatante de toutes ces heureuses filles qui vivent avec insouciance. Je me sentis offensée ; j'entraînai ma sœur dans une pièce voisine et je lui parlai, tout en sanglotant, du malheur qui était venu me frapper. Elle ne me comprit pas.

» — Des peines de cœur, ma chère, dit-elle gaiement, est-ce que je connais cela? On se console d'un amant avec un autre; si tu t'ennuies de l'autre côté de l'eau, viens avec moi.

» — Jamais! lui dis-je; je suis bien coupable, mais j'ai trop de respect de moi-même pour tomber dans toutes ces folies. Heureusement pour toi que tu es placée à un autre point de vue; je ne t'accuse pas, Dieu merci! mais il m'est impossible de vivre comme toi.

» — Tu veux donc aller au couvent? me dit en riant Béatrix.

» — Le couvent! m'écriai-je avec une sombre volupté, le couvent! vivre dans la mort! marcher du sacrifice à l'expiation, et de l'expiation au sacrifice; oui je veux aller au couvent : je sens trop que je ne suis pas née pour vivre des joies du monde.

» — Eh bien, dit Béatrix d'un air railleur, tu iras au couvent, et, s'il faut une dot, je la payerai; il faut bien faire quelque chose pour les siens. Cependant, reprit-elle, songes-y un peu, le couvent, c'est bien noir : quel silence, quels jours, et surtout quelles longues nuits! Je n'ose pas te donner un mauvais conseil, mais, en vérité, j'aimerais encore mieux, si j'étais la belle et pâle Marguerite, me jeter étourdiment dans les folies où nous sommes; car, vois-tu, ma chère petite sœur, ajouta-t-elle en me baisant sur le front, on a toujours le temps de faire pénitence.

» — Au couvent! au couvent! m'écriai-je avec ferveur et avec exaltation.

» Que vous dirai-je encore? J'allai trouver le soir même la supérieure des Carmélites, jugeant que c'était le plus triste de tous les couvents. Elle voulut bien m'accueillir; mais à la condition pourtant que ma sœur payerait ma dot. Ce qui fit dire à Béatrix que les filles à marier étaient décidément bien malheureuses, puisque Dieu ni les hommes n'en voulaient pour rien.

» Ne connaissez-vous pas toute ma vie au couvent? Durant les premiers jours, j'acceptai avec un saint et austère plaisir la prière et le jeûne; cependant, malgré tout mon zèle, quand je vis tomber à mes pieds ces chers habits que j'avais souvent portés, allègre et joyeuse, des larmes s'échappèrent de mes yeux; mais au souvenir d'Hortense, je me replongeai plus avant dans les ténèbres de la vie monastique.

» Quand vous m'avez rencontrée, je repassais dans ma mémoire les sombres angoisses du temps que j'ai vécu au couvent.

» Plaignez-moi, j'étais si fatiguée de cette vie, que je demandais si j'aurais la force d'aller m'ensevelir dans le nouveau couvent. Je ne suis pas née non plus pour vivre sans enthousiasme. Sainte Thérèse a dit :

» — Bienheureux ceux qui ne fleurissent que par la mort ! »

» Sainte Thérèse avait raison. Hortense était morte dans sa fleur, après un rêve d'amour. Mais la mort passe près de moi tous les jours sans vouloir me prendre.

Marguerite termina ainsi son histoire. Maurice l'avait écouté avec une sérieuse attention. Il était renommé pour une bravoure à toute épreuve; mais, comme Turenne, il avait peur des ombres et croyait à ces mille mains invisibles qui nous conduisent à travers tous les dangers de la vie.

— C'est étonnant ! se dit-il en regardant la pâle et désolée figure de Marguerite, voilà, en vérité, que j'ai peur de ce charme fatal et funèbre qu'elle répand autour d'elle.

Béatrix rentra au moment où sa sœur venait de finir son récit.

— Enfin ! dit-elle en voyant Maurice. J'étais allée à ta rencontre, mais je ne me suis pas levée assez matin : votre libérateur m'avait devancée ; avec sa canne à bec-de-corbin. J'espérais, monsieur, poursuivit-elle sur le ton de la comédie, j'espérais moi-même briser vos fers.

— Pour mieux m'enchaîner à vos pieds, dirais-je si j'étais né galant, répondit Maurice en baisant la main de la comédienne.

— Dites toujours, repartit-elle. Mais non, dans l'état où est mon cœur, ne me parlez qu'avec le vôtre. J'ai beau vous voir là, tout près de moi, j'ai beau embrasser Marguerite, qui est toute ma famille, car je n'aimerai jamais Régine... A propos, Maurice, nous n'avons pas de temps à perdre pour aller à Marvy.

Tout est disposé, j'y ai veillé, dit le comte d'Orbessac, avant une heure mon coupé sera à votre porte.

Béatrix s'était approchée de Marguerite, qui rêvait dans l'embrasure d'une fenêtre.

— Voyons, ma blanche Marguerite, soyez un peu moins sombre ; si nous donnons prise au chagrin, nous sommes perdues. Il n'y a pas de quoi tant nous désoler. Qui sait ? nous serons peut-être riches demain.

— Riches d'argent! dit tristement Marguerite.
— C'est vrai il ne faut pas trop médire de l'argent. L'argent fait fleurir bien des espérances. Si mon père nous reconnaît, si j'ai demain vingt-cinq mille livres de rente; qui sait? Maurice...

Béatrix s'était retournée, en rougissant, des regards du comte d'Orbessac.

— Je vous comprends, ma chère Béatrix; vous voulez dire que je vous épouserai par-devant les autorités. Je ne ferai cela, je vous jure, qu'à la dernière extrémité, non pour moi, mais pour vous. Vous consentiriez donc à faire, comme on dit, votre entrée dans le monde? Mais le monde, où est-il, aujourd'hui que le cheval, le cigare et le journal l'ont supprimé? Autrefois on causait, aujourd'hui...

— On lit le journal, dit Béatrix en achevant la phrase.

— Autrefois on s'étudiait aux belles manières, aujourd'hui...

— On fume galamment au nez des femmes.

— Autrefois on allait à la cour en gracieuse compagnie, aujourd'hui...

— On monte à cheval.

— Or, pour monter à cheval, pour fumer ou voir fumer, pour lire le journal, croyez-vous qu'il soit indispensable d'être en légitime mariage? Cependant je vous aime trop pour en passer par toutes vos folies; marions-nous donc, si vous voulez à toute force devenir dame de charité, quêter à Saint-Roch, faire des loteries pour les Polonais et autre menus plaisirs de l'emploi. Si vous m'en croyez, Béatrix, vous resterez comédienne, vivant à votre guise, selon votre cœur et vos adorables fantaisies.

— Maurice, vous ne me comprenez donc plus? Il y a deux ou trois jours, quel éclat de rire j'eusse jeté au nez de celui qui m'eût demandé ma main, fût-ce un prince ou un banquier? Mais la Béatrix d'avant-hier n'existe plus; pleurez Béatrix qui jouait la comédie, aimez Béatrix qui vous aime. Vous me parlez du monde, est-ce que je me soucie du monde? Ce que je veux, c'est ton amour, mais ton amour pour l'éternité, amour sans fin et sans bornes.

La portière vint avertir que la voiture attendait.

— Partons, Béatrix, dit Maurice, nous causerons en chemin. Mademoiselle Marguerite, voulez-vous prendre mon bras pour descendre?

— Seule, dit tristement la religieuse en passant devant lui, toujours seule, vous le savez.

XXII

L'APPARITION

Ce jour-là, madame de Fargiel arrivait vers deux heures au château de Marvy. M. de Parfondval, de plus en plus affaibli, eut à peine la force de lui sourire en la voyant soulever les rideaux du lit.

— Ma pauvre Régine, je suis bien heureux de te revoir encore une fois ; demain, sans doute, il eût été trop tard. J'ai lu tout à l'heure dans les yeux du médecin que je ne passerais pas la nuit. Dieu merci! puisque te voilà, puisque je te saurai près de moi, je mourrai content. Mais il fallait que tu fusses là ; car j'ai l'esprit si faible depuis hier, que mon imagination est pleine de fantômes. Il me semble que je vois sans cesse, au fond de cette chambre, des images funèbres ; je n'ai plus toute ma raison.

— Mon père, dit madame de Fargiel d'une voix pleine de larmes, maintenant que je suis là, vous ne verrez que moi. Je ne vous quitterai pas d'une minute.

— Oui, oui, dit M. de Parfondval en pressant la main

de sa fille, car j'ai peur. Depuis que cette fille est venue me rappeler votre mère, je la vois apparaître si désolée dans son linceul, que je frissonne de la tête aux pieds. Dites-moi, Régine, vous n'avez pas revu cette fille?

— Non, mon père. Que voulez-vous? c'est une folle qui vous a déjà sans doute oublié. Peut-être même n'a-t-elle voulu jouer qu'une scène de comédie, car, qui sait si c'est la véritable Clotilde!

— Oh! oui, dit M. de Parfondval en s'animant, je l'ai reconnue à ses yeux verts.

— De grâce, dit madame de Fargiel avec un peu d'inquiétude, ne parlons plus de cela.

— Cependant Béatrix et Marguerite sont les filles de votre mère; tout en les repoussant de ma maison, ou plutôt tout en les fuyant, n'aurais-je pas dû veiller encore sur elles?

— Comptez sur moi, mon père, dit madame de Fargiel en jouant la générosité, c'est moi qui veillerai sur elles. Je vous promets de les protéger de toute manière. Vous savez que j'aime les pauvres : Clotilde et Marguerite trouveront toujours ma bourse ouverte. Ne connaissez-vous pas mon cœur?

— Enfin, comme il plaira à Dieu, dit M. de Parfondval, mais je crois qu'en tout ceci j'ai plus écouté ma colère que mon cœur; peut-être me suis-je trop vengé; mais l'outrage avait été si cruel!

Après un silence, le comte poursuivit d'une voix plus calme :

— Ma chère Régine, je n'ai pu te donner tout ce que j'ai par testament; mais au moins j'ai voulu profiter en ta faveur des dispositions de la loi : j'ai écrit hier un testament où je te donne le quart disponible sur les immeubles que je n'ai pas eu le temps de vendre. Je regrette bien que le colonel de Forgeville ait refusé ce que nous lui demandions, mais au moins il y a là près de neuf cent mille francs, soit en billets de banque, soit en actions au porteur, que tu emporteras tout à l'heure.

Le comte indiquait du doigt un petit meuble en bois de rose entre les deux fenêtres.

— Quant à ce château, il est probable qu'il sera partagé par tiers; mais que t'importent soixante-quinze mille francs de moins dans ma succession? c'est à peine le vingtième. Du reste, si tu veux garder le château, tu t'arrangeras aisément avec les avoués qui représenteront les filles de ta mère.

Madame de Fargiel se fit encore une fois, d'un air distrait, expliquer par son père tous les détails de la succession, après quoi elle descendit dans le parc pour réfléchir en toute liberté à la fortune qui ne devait plus maintenant lui échapper. Elle se promenait avec l'attitude d'un vainqueur; en effet, elle avait joué à la succession avec beaucoup de machiavélisme. Elle pensait avec pitié à ce pauvre Maurice qui gémissait sous les verrous de Clichy.

— Jamais, jamais, dit-elle en riant d'un mauvais jeu de mots, bien qu'elle fût femme d'esprit, je n'avais si bien plongé un adorateur dans mes chaînes.

Quand M. de Parfondval se retrouva seul, il retourna, selon sa coutume, vers ces années pleines de charme et d'amertume où il avait aimé Amélie, où il avait tué Pierre

Marbault. Depuis vingt ans qu'il cherchait à repousser ces doux et tristes souvenirs de sa vie, il ne pouvait y parvenir. Tout en habitant le château de Marvy, il vivait encore dans le château du Bourbonnais. Amélie n'était pas si morte qu'il ne la vît à toute heure apparaître avec sa pâle et mélancolique figure, tenant un enfant sur son cœur, un autre à la main.

— Ah! que la plaie est vive! dit-il en soupirant.

Il se rappelait les prières et les larmes d'Amélie.

— J'ai été bien cruel; le même jour j'ai tué son amant et je lui ai arraché violemment sa première fille. Je l'ai laissée seule, avec deux enfants qui ne pouvaient comprendre, abandonnée à ses remords.

Le malade passa la main sur son front.

— Mais, reprit-il comme en sortant d'un rêve, si je m'étais trompé! Si cet amant n'était qu'un ami!

Le comte de Parfondval prit à ses pieds une liasse de papiers de famille qu'il feuilletait en ses jours d'ennui et de chagrin.

— Si je m'étais trompé! reprit-il en retrouvant la copie d'une lettre d'Amélie à Pierre Marbault; voilà ce qu'elle lui écrivait la veille de ce jour fatal :

« Pierre, je vais mourir! Les médecins ne vous l'ont-ils pas dit? Mais ce n'est pas pour moi un grand chagrin, car il y a une chose qui ne meurt pas, Pierre : c'est le cœur. Autrefois, dans nos douces promenades autour de l'étang, vous me parliez de l'immortalité de l'âme, je vous écoutais; aujourd'hui j'y crois avec confiance, car, tout en pensant au cimetière où l'on va me coucher dans la nuit sans aurore, je vois déjà poindre vers un autre horizon la lumière éternelle ; tout en m'éloignant de vous, je sens que je serai plus près de toi... »

— Plus près de toi, répéta avec fureur le comte de Parfondval en s'interrompant. Mais, reprit-il avec plus de calme, ils s'étaient connus enfants, car Amélie, malgré les airs de gentilhomme de son père, vivait en fraternité avec les enfants de Béthisy.

Le malade continua la lecture de la lettre.

« Qui sait ! vous me parliez aussi de la métempsycose ; vous me racontiez les sublimes rêveries de Pythagore. Dans mes nuits agitées, vous ne sauriez croire en quelles étranges folies se perd mon âme. Mais, après avoir parcouru les mondes sans fin, mon âme se retrouve toujours sans que je songe à la rappeler. Savez-vous où elle se retrouve, Pierre? Dans ce petit verger où le soleil est si doux à son couchant. Quand je serai morte, c'est là que vous irez, c'est-là que vous me verrez dans le calice des pervenches et des liserons qui se cachent sous la haie, ou qui se montrent sous les sureaux. Mais, que vous dis-je là ?... »

M. de Parfondval s'interrompit encore.

— Après tout, cela n'est pas bien coupable ; c'est la poésie de l'amour. Je suis arrivé trop tard dans le Bourbonnais pour recueillir les premières rêveries de cette pauvre fille, mais elle était d'une nature trop élevée et trop exquise pour avoir foulé aux pieds... Voyons la fin :

« Vous ne verrez que trop bien, en lisant ce billet, combien ma raison s'égare. Que voulez-vous? La mort, quoi qu'on fasse pour la braver, vous domine et vous donne le vertige. Je ne sais plus ce que je dis. J'avais saisi la

plume d'une main toute tremblante pour vous prier...
Comment oserai-je écrire ?... Mais je n'ai jamais rougi
devant vous. Je vous prie donc d'aller à la ferme mardi,
ou mercredi si le temps était trop mauvais mardi. J'y
serai à midi pour la dernière fois. Peut-être n'ai-je plus
huit jours à vivre : mais je serais mourante, que j'aurais
encore la force d'aller jusque-là. Avant de partir pour
un long voyage, on veut dire adieu à tous ses amis.
Comment ne pas vous serrer la main, à vous qui êtes
tous mes amis ?

» Amélie. »

— Son seul ami ! murmura le comte en jetant la lettre, voilà ce qu'elle lui écrivait sans penser à moi. Et pourtant, plus je relis cette lettre, et moins je trouve Amélie coupable.

Cependant, madame de Fargiel avait à peine fait le tour du parc, quand un domestique vint l'avertir qu'on l'attendait à la lisière de la forêt.

— Qu'est-ce que cela veut dire? demanda-t-elle.

— Je ne sais pas, madame, répondit le domestique, c'est un valet de pied qui vient de me dire ce que je répète à madame. Il paraît que la compagnie qui veut voir madame craint de troubler M. de Parfondval. Je ne serais pas surpris du tout si c'était M. le prince de Waldesthal; il me semble que j'ai reconnu sa livrée.

— Sans doute, dit madame de Fargiel en s'avançant vers une petite porte s'ouvrant dans la forêt. Que peut donc me vouloir aujourd'hui le prince de Waldesthal? est-ce que décidément il voudrait se marier? Voilà bien les hommes : c'est la succession que je vais recueillir demain peut-être qui lui tourne la tête ; il est vrai que mes yeux sont aussi pour quelque chose dans la séduction.

Pendant que madame de Fargiel suivait avec agitation un petit sentier aboutissant au chemin de Paris, une jeune fille suivait avec plus d'agitation encore l'avenue du château.

C'était Marguerite de Parfondval.

Elle était vêtue de sa robe et couverte de son voile de carmélite. Elle avait à la main un chapelet ; de temps en temps elle soulevait son voile pour voir le château.

Bien que madame de Fargiel eût défendu à tous les domestiques de son père de laisser pénétrer qui que ce fût dans la chambre du malade, hormis le curé et le médecin de Beaumont, quand Marguerite se présenta dans le vestibule et demanda à voir M. de Parfondval, le valet de chambre ne songea pas à l'arrêter, soit qu'il oubliât les ordres de madame de Fargiel, soit que le costume sévère de Marguerite lui parût devoir être celui d'une femme qui va partout où il y a des gens qui souffrent.

Il la conduisit lui-même jusqu'à la porte de la chambre de M. de Parfondval. Il frappa trois coups légers ; on ne répondit pas.

— Sans doute, dit-il à Marguerite, la garde-malade vient de descendre ; mais vous pouvez entrer. Si M. de Parfondval sommeille, vous attendrez en silence et prierez Dieu pour lui ; s'il est éveillé, vous lui direz ce que vous avez à lui dire.

Marguerite remercia d'un geste et entra sans bruit dans la chambre. M. de Parfondval était assoupi. Elle s'approcha d'abord du lit; mais bientôt, voyant qu'il reposait, malgré son vif désir de se jeter dans les bras ou plutôt aux genoux de son père, elle s'éloigna à petits pas vers le fond de la chambre.

M. de Parfondval était en proie à ce demi-sommeil qui vous fatigue par des apparitions sans nombre. Les moindres idées prennent une forme, l'imagination entr'ouvre des abîmes, élève des montagnes, évoque les morts, appelle les vivants et confond l'image de celui qui n'est plus avec celui qui respire encore.

Les persiennes étaient fermées, les rideaux de damas rouge, étendus, arrêtaient les vifs rayons du soleil. La chambre du malade était dans une vague obscurité qui donnait encore plus de mystère à ses rêves.

Marguerite était debout, immobile, recueillie, dans le fond de la chambre, entre la fenêtre et la bibliothèque. En la voyant tout à coup, M. de Parfondval tressaillit ; ce n'était d'ailleurs pour lui qu'une vision de plus. Mille fois depuis quelques jours il avait vu passer Amélie sous ses yeux : tantôt s'élançant du tombeau, vêtue d'un linceul, pour venir s'abîmer à ses pieds ; tantôt descendant du ciel, comme un nuage, sous la forme d'une vierge ineffable avec deux enfants dans ses bras.

Cette fois, c'était encore Amélie; seulement, il ne l'avait jamais vue jusque-là sous le sombre habit d'une carmélite.

Marguerite, ayant aperçu les yeux de son père, pensa qu'elle pouvait aller à lui. Elle fit un pas.

— Non, non, dit M. de Parfondval en se soulevant avec effroi.

Marguerite s'arrêta, placée comme une statue. Le malade la regardait avec des yeux égarés.

— Est-ce encore un horrible songe?

Marguerite s'avança en tremblant; M. de Parfondval jeta son front sur l'oreiller.

— O mon Dieu! mon Dieu! serai-je poursuivi jusqu'au tombeau? Mais, dit-il en relevant la tête, je suis comme un enfant qui a peur de ses songes.

Marguerite était à deux pas du lit; elle avait soulevé son voile.

— Amélie! Amélie! s'écria le vieillard plus épouvanté que jamais.

Il venait de voir distinctement la figure de la religieuse, qui était le portrait vivant de sa mère : c'était le même regard, la même douceur, la même expression.

— Amélie, vous n'êtes pas morte!

Marguerite, suffoquée par l'émotion, ne pouvait pas dire un mot : elle tendit silencieusement la main; mais M. de Parfondval, craignant sans doute de toucher la main d'un spectre, recula d'un seul bond au bout du lit.

Marguerite, désespérée, ne put arrêter ses sanglots; elle avait aussi la voix de sa mère. Le malade croyait entendre Amélie pleurer devant lui le jour même où il l'avait quittée pour jamais.

— Amélie, que me voulez-vous?

Marguerite, qui ne savait pas qu'elle rappelait alors sa mère, et qui ne comprenait pas l'épouvante de son père, lui demanda d'une voix troublée :

— Pourquoi me repoussez-vous si cruellement? Quel est donc mon crime à vos yeux?

— Ton crime ! l'as-tu donc oublié ?
— Que me dites-vous, mon Dieu ?

Marguerite était tombée agenouillée devant le lit, elle levait les mains jointes vers M. de Parfondval. Le malade, qui la regardait avec angoisse, reconnut à la main de Marguerite une bague qu'avait longtemps portée madame de Parfondval.

— Amélie, Amélie, parlez-moi, je vous écoute, dites-moi que ce n'est pas une morte que j'entends, dites-moi que c'est bien vous qui êtes là sous mes yeux.

Marguerite se leva et tendit une seconde fois la main à son père.

— Ce n'est point ma mère qui est devant vous, c'est votre fille, je suis Marguerite.

— Marguerite !

Le malade ouvrit ses bras, la religieuse se précipita sur son sein. Ils s'embrassèrent en pleurant.

La garde-malade venait d'entrer.

— Ursule, dit M. de Parfondval, allez ouvrir la fenêtre et les persiennes.

La garde-malade obéit.

— Maintenant vous pouvez descendre, car je veux être seul.

Dès que la garde-malade eut refermé la porte, M. de Parfondval ressaisit les mains de Marguerite et la regarda de tous ses yeux, comme si ce plaisir ne devait durer qu'un instant.

— Ah ! comme vous ressemblez à votre mère ! Je la retrouve tout entière en vous voyant ; c'est bien cela : des yeux bleus, doux comme le ciel ! une expression qui séduirait un ange. Je ne vois pas vos cheveux, mais je suis bien sûr qu'ils sont bruns; j'y pense, ma pauvre fille, vous n'avez plus de cheveux sans doute ; cette robe, ce voile, ce chapelet... Ah ! mon Dieu, n'êtes-vous pas déjà morte comme votre mère ? Je suis bien coupable : l'une s'est faite comédienne, l'autre s'est faite religieuse, parce que, par ma faute, elles ne pouvaient vivre dans le monde.

M. de Parfondval était retombé épuisé, mais il tenait toujours la main de Marguerite.

— Mon père, dit-elle d'une voix tremblante, comme si ce mot n'eût pas été permis à sa bouche, puisque enfin j'ai le bonheur de vous voir, je ne me plaindrai pas. Si une étoile fatale a lui sur mon berceau, pourquoi vous en accuser ?

— Accusez-moi, j'ai été injuste, mais je veux réparer mes torts. Tiens, mon enfant, ce testament où je donnais à celle qui est riche tout ce que la loi a permis de donner à un enfant trop aimé, je veux le déchirer sous tes yeux.

Disant ces mots, le comte déchira un papier qu'il venait de prendre sous son chevet.

— N'oublie pas, ajouta-t-il d'une voix éteinte, n'oublie pas, quand je serai mort, qu'il y a près de neuf cent mille francs dans ce petit meuble, près de la fenêtre.

Marguerite pensa au couvent.

— Neuf cent mille francs ! se dit-elle tout éblouie.

Toutes les pompes de la vie lui étaient apparues subitement comme dans un rêve.

— J'aurais donc aussi, si je le voulais, une place au soleil !

XXIII

HISTOIRE DE MADAME DE FARGIEL

Cependant madame de Fargiel suivait toujours le petit sentier sur la lisière de la forêt.

En débusquant sur la route, elle eut tout à coup sous les yeux un coupé de fort bon style, attelé de deux chevaux anglais d'une encolure assez fière. Elle s'avança vers le coupé avec quelque surprise, car elle ne se rappelait pas l'avoir jamais vu, soit au château de son père, soit dans la cour de sa maison à Paris. Tout en s'approchant, elle regarda les armes du comte d'Orbessac, mais elle les voyait pour la première fois.

— Si c'était lui! C'est impossible! dit-elle avec un mouvement subit d'appréhension et de colère.

Mais au même instant elle aperçut Maurice et Béatrix à demi cachés dans les arbres. Ils se promenaient lentement, tout en regardant de minute en minute si madame de Fargiel ne venait pas à leur rencontre par le chemin du château. Ils ne s'attendaient guère à la voir arriver derrière eux. Madame de Fargiel pensa d'abord, avant d'être aperçue, à retourner au château sans leur parler; mais elle jugea plus prudent de savoir ce qu'ils venaient faire. Elle était curieuse, en même temps, d'apprendre par quel miracle Maurice était sorti de Clichy. Elle l'aborda de l'air du monde le plus dégagé:

— Ah! monsieur, lui dit-elle, comme je suis heureuse de vous revoir! Je n'étais pas sans quelque inquiétude; car enfin, l'autre jour, je n'ai rien compris à ces trois ou quatre alguazils doublés de trois ou quatre sergents de ville qui avaient l'air si en peine de votre logement.

— Eh! mon Dieu! madame, dit Maurice d'un air railleur, après un salut glacial et respectueux, Samson n'est pas toujours vaincu par Dalila.

Madame de Fargiel se mordit les lèvres, tout en ayant l'air de ne pas comprendre.

Elle se tourna vers Béatrix :

— Est-ce qu'il y a aujourd'hui des courses à Chantilly?

— Non, madame, dit Béatrix d'un air grave. Il y a aujourd'hui un homme qui va mourir au château de Marvy; cet homme, c'est mon père et le vôtre : je viens prier pour lui.

La comtesse essaya de sourire.

— Savez-vous, madame, que cette manière de parler m'étonne, dans la bouche de mademoiselle Béatrix, qui a le privilége d'égayer si bruyamment le parterre d'un joyeux théâtre?

Béatrix leva la tête avec dignité.

— Madame, chacun joue la comédie sur son théâtre. le vôtre est sans doute de meilleure compagnie; mais brisons là, je vous prie. Vous savez pourquoi je viens ?

— J'avoue que jusqu'ici je n'ai pu prendre au sérieux...

— Qu'importe! madame, je ne suis venue ni pour railler, ni pour me plaindre; bien que votre accueil ne m'ait pas été très-favorable, je vous regarde toujours comme ma sœur, car je suis bien convaincue que vous finirez par reconnaître que je suis la vôtre.

Maurice se promenait de long en large pour laisser les deux jeunes femmes s'expliquer plus librement. Béatrix supplia la comtesse de la conduire auprès de M. de Parfondval; mais vainement elle mit en œuvre toute cette éloquence du cœur que trouvent toujours celles qui en ont dans les graves circonstances de la vie; madame de Fargiel lui répondit froidement qu'elle ne permettait à qui que ce fût de troubler les dernières heures de son père.

— Maintenant que vous savez ma décision, ajouta-t-elle avec impatience, que me voulez-vous?

— Rien, répondit Béatrix avec un imperceptible sourire; sachez seulement que je vous ai attirée ici afin que ma sœur Marguerite ait le temps d'arriver jusqu'à mon père.

Madame de Fargiel bondit comme un daim blessé.

— Votre sœur Marguerite! elle est allée au château?

— Oui; trouvez-vous donc si étrange qu'une fille aille voir son père? Quand vous êtes arrivée ici, elle était déjà dans l'avenue.

— C'est un piége indigne! s'écria madame de Fargiel en s'éloignant à la hâte vers l'avenue.

Mais Maurice ne voulait pas qu'elle retournât si tôt pour interrompre Marguerite. Il alla droit à elle.

— Madame, dit-il avec une gravité respectueuse, vous ne retournerez pas seule au château; permettez-moi de vous offrir mon bras.

Madame de Fargiel regarda Maurice pour voir s'il parlait sérieusement.

— Je ne vous comprends pas, monsieur, dit-elle avec un air dédaigneux.

Maurice voulait que Marguerite eût le temps de parler à son père . il insista avec beaucoup de bonne grâce. Pendant les prières de Maurice et les refus de madame de Fargiel, Béatrix s'avançait vers le château, du côté de l'avenue. La comtesse s'aperçut qu'elle n'avait plus qu'un parti à prendre, c'est-à-dire de laisser aller les choses et de s'en rapporter à sa destinée, qui jusque-là, d'ailleurs, n'avait pas été mauvaise. Elle comptait aussi beaucoup sur l'amour de son père et sur ses sentiments de vengeance. Elle prit donc le bras du comte d'Orbessac, qui commença par lui vanter les beaux sites de Marvy, les vieux arbres chenus de la forêt, les étangs, les cascades, les prairies il ne savait pas ce qu'il disait, et madame de Fargiel ne l'écoutait pas.

Béatrix marchait toujours en avant. Maurice lui avait dit qu'il voulait tenter une dernière fois de ramener sa sœur à de meilleurs sentiments. Madame de Fargiel, se voyant seule avec le comte d'Orbessac, lui proposa de rentrer par le parc. Il inclina la tête en signe d'assentiment. Dès qu'ils furent dans le parc, Maurice aperçut la pièce d'eau.

— Voulez-vous passer par là? demanda-t-il à la comtesse.

Elle se laissa conduire devant la pièce d'eau.

— La jolie nacelle! dit Maurice en mettant un pied sur le bord d'une petite barque amarrée dans les herbes.

Tout en disant cela, il y avait entraîné madame de Fargiel, qui, en dépit d'elle-même, ne pouvait se défendre d'un secret plaisir de se trouver avec lui.

— C'est un chemin de traverse, dit-il en souriant pour la rassurer.

Il avait saisi les avirons; déjà la nacelle voguait en pleine eau. Il pensait que Marguerite devait alors plaider noblement sa cause et celle de sa sœur.

— Savez-vous, madame, que le château de Marvy est des plus pittoresques? On va quelquefois bien loin pour admirer la nature dans ses aspects farouches et riants; au château de Marvy, on a tous les aspects : le rocher et la cascade...

Maurice s'interrompit.

— Avez-vous été en Suisse, madame?

— Jamais, répondit-elle.

— C'est étonnant? reprit-il en regardant la comtesse d'un œil profond.

— Quoi d'étonnant? lui demanda-t-elle avec quelque embarras.

— C'est qu'on m'avait raconté une histoire... Tenez, c'est Salomon, le vieux juif, que vous connaissez depuis peu, qui me l'a contée ce matin, car il sait tout.

— Je n'aime pas les romans, dit-elle en effleurant l'eau du bout de son ombrelle.

— Mais, madame, c'est une histoire et non point un roman. Voici ce qu'on m'a raconté.

Madame de Fargiel avait pâli.

— Mais remarquez bien, monsieur, que nous n'arrivons pas.

En effet, Maurice ramait à tour de bras sans s'approcher de la rive.

— C'est vrai, madame, dit-il avec un air victorieux; mais, que voulez-vous ! on n'a pas si souvent le bonheur de voyager en si belle compagnie. Pourquoi ne pas faire un voyage au long cours quand on est sur l'eau? D'ailleurs, je ne vous ai pas raconté l'histoire...

— Voulez-vous que je rame à mon tour? Vous jugerez de ma grâce à courir sur l'eau.

— Qui en doute? Je vous disais donc...

— Est-ce qu'il oserait ? pensa madame de Fargiel.

— L'héroïne de cette histoire se nommait... prenons un pseudonyme... madame de Renneville.

— Savez-vous, monsieur, interrompit encore madame de Fargiel, que vous avez là une fantaisie assez impertinente : me faire voyager de force, et me raconter malgré moi une histoire que je ne veux pas entendre.

Disant ces mots, la comtesse détourna la tête et regarda la vague qui soulevait la barque. Maurice continua résolûment :

— Voici l'histoire en peu de mots :

« Madame de Renneville était née pour être belle. Dans cette nature sans enthousiasme, l'esprit, ou plutôt la coquetterie, qui est souvent l'esprit des femmes, avait trop vite étouffé le cœur; madame de Renneville n'avait, pour ainsi dire, pas eu de vraie jeunesse, la jeunesse naïve et franche, pleine de foi dans tous les nobles sentiments. Pour quelques femmes, aimer, c'est vivre; pour quelques autres, vivre, c'est être belle. Madame de Renneville n'avait eu de culte que pour sa beauté.

» Aussi, dès qu'elle eut ce qu'on est convenu d'appeler l'âge de raison, sans doute parce qu'ordinairement c'est l'âge de la folie, elle ne pensa qu'à trouver un beau piédestal pour élever sa beauté. Pour les unes, le piédestal c'est l'amour; pour les autres, c'est l'esprit; pour celles-ci, c'est le scandale; pour celles-là (elles sont en petit nombre), c'est la vertu. Madame de Renneville voulut un piédestal d'argent. »

Madame de Fargiel s'écria avec impétuosité :

— Je vous dis, monsieur, que je ne vous écoute pas.

— Qu'importe! dit Maurice d'un air déterminé; je me raconte cela à moi-même pour charmer les ennuis du voyage, comme dit la chanson. Je continue donc :

» A seize ans, à l'âge où l'âme va de mystère en mystère dans les enivrantes rêveries qui vous emportent si loin du monde et des plaisirs qui rampent terre à terre, madame de Renneville s'inquiétait de la fortune de son père, et se disait tout bas, de l'air le plus dégagé : Quand mon père sera mort, j'aurai cinquante mille livres de revenu.

» Quand elle eut dix-huit ans, deux hommes se présentèrent pour demander sa main : l'un avait trente ans et cinq à six cent mille francs; l'autre avait cinquante ans et un peu plus d'un million; le premier avait les charmantes et folles qualités de son âge : il se fût galamment ruiné pour assouvir les caprices d'une femme aimée; le second était raisonneur et même sentencieux; il tenait fermie à son argent comme à lui-même. Elle épousa le second.

» C'était le comte de Renneville, un galant homme d'ailleurs, mais qui avait eu son temps, sous la restauration; qui se mariait à cinquante ans pour faire une fin, ce qui fut bientôt fait en compagnie de sa jeune femme.

» Dès les premiers jours du mariage, madame de Renneville mit si bien en œuvre les ressources de sa coquetterie, que le comte écrivit, sous sa dictée, un testament où il lui abandonnait l'usufruit de tous ses biens, meubles et immeubles.

» — Mais, dit-elle mélancoliquement quand il eut signé, je mourrai avant vous... je ne le sens que trop... Ma mère est morte jeune.

» Le comte de Renneville rassura sa femme...

» Trois ans après, ils voyageaient dans les glaciers de la Suisse. Ils devaient, sur la prière de la dame, qui avait, disait-elle à son mari, le sentiment du pittoresque, aller respirer sur les plus fiers sommets des Alpes.

» En quittant Paris, la comtesse de Renneville avait dit à un jeune ami du comte en lui abandonnant sa main :

» — *Je pars sans vous : mais n'est-ce pas avec vous que je voyagerai !*

» Un soir, dans une hôtellerie de Chamouny, elle écrivit ce petit billet à celui qui lui avait baisé la main au départ :

« C'est demain que nous devons gravir la mer de glace.
» Ah! si c'était avec vous, je me reposerais au sommet
» tout éblouie et tout éperdue sur ton cœur, et là, celle
» qui fut coupable pour t'avoir trop aimé, demanderait

» pardon à Dieu et se précipiterait dans le torrent... mais
» en vous entraînant avec elle. »

» Le lendemain, en effet, madame de Renneville partit avec son mari pour cette ascension, qui n'était pas sans périls.

» M. de Renneville n'avait accepté qu'avec mauvaise grâce; mais le moyen de refuser à une femme de courir des dangers avec elle! Il partit. — Il ne revint pas.

Madame de Fargiel laissa tomber son ombrelle dans l'eau.

— Mon ombrelle! s'écria-t-elle d'un air effaré, sans doute pour cacher son trouble.

— Il s'agit bien d'une ombrelle! dit Maurice avec feu.

Il poursuivit son récit :

— Le soir, madame de Renneville rentra seule à l'hôtellerie, à demi morte de terreur.

» Elle appela un médecin et lui demanda la grâce de mourir, disant qu'elle ne pouvait survivre au seul être qu'elle aimât en ce monde.

» Le lendemain, cependant, elle parla de son père et se résigna à vivre.

» Au bout de huit jours, elle partit pour l'Italie, priant le médecin qui, selon elle, l'avait sauvée, d'écrire à son père et à quelques-uns de ses amis que, après le terrible coup qui l'avait frappée, on l'avait conduite à Nice, où la nature si bienfaisante achèverait de la guérir, mais qu'il ne fallait pas trop se flatter de la voir bientôt retourner à Paris, car elle était atteinte presque mortellement. — Pour qu'ils soient moins effrayés là-bas, dit-elle au médecin, ne leur écrivez pas comment M. le comte de Renneville est mort. Parlez-leur, si vous voulez, d'une apoplexie foudroyante.

» A Nice, madame de Renneville eut l'art de paraître malade pendant six mois. Elle y rencontra quelques personnes de sa société; elle leur fit comprendre qu'il ne fallait pas l'interroger sur son malheur, parce que, à certain souvenir cruel, elle retombait trop profondément dans son chagrin.

» Avec son confesseur lui-même, car elle en avait un comme toutes les honnêtes femmes, elle n'était jamais entrée dans ces tristes détails.

» Or, voici ce que racontait le guide qui avait accompagné au sommet du Mont-Blanc le comte et la comtesse de Renneville.

» Cet homme leur avait en vain recommandé de le suivre pas à pas. La comtesse semblait enivrée par l'air et l'espace, elle allait deçà delà, tantôt seule, tantôt entraînant son mari, étourdie comme une pensionnaire un jour de liberté. Arrivée à un certain point nommé la Roche-du-Pic, elle s'arrêta et pria son mari de venir contempler avec elle l'effrayant et sublime spectacle qui se déroulait sous ses yeux. A peine eut-il mis le pied sur le bord du précipice, qu'elle s'écria d'une voix éclatante :

» — *J'ai le vertige!*

» Elle tendait les bras d'un air d'épouvante; le comte voulut la saisir et l'entraîner; mais, comme elle se débattait, le comte fut tout à coup renversé dans une mer de glace.

— C'est un roman ! s'écria madame de Fargiel, qui n'avait pas une seule fois tourné la tête vers Maurice et qui faisait semblant de ne pas écouter son récit.

Maurice poursuivit gravement :

— Peut-être le comte de Renneville perdit-il l'équilibre, peut-être fut-il aussi pris de vertige, peut-être... mais on n'eut jamais l'idée d'accuser la comtesse... Elle pleura si longtemps !

» Cependant, à Nice, vers le milieu de l'hiver, un jeune ami du comte étant venu la voir en passant, les mauvaises langues dirent qu'elle était consolée.

» Elle revint à Paris, courut le beau monde, les fêtes, les spectacles, les promenades. Elle mena, en un mot, l'existence oisive d'une femme à la mode, ne s'occupant avec amour que d'elle-même et de ses chevaux.

» Elle ne voyait son père qu'à de rares intervalles : il avait acheté, pour lui complaire, le petit château de Marvy, dans l'espérance qu'elle irait y vivre avec lui pendant six ou huit mois de l'année, au moins, durant son veuvage ; mais c'était à peine si elle lui accordait six ou huit jours.

» On l'accusait d'avoir des amants. Parmi les plus assidus, on citait le prince de Waldesthal; non pas qu'il fût plus agréable que les autres, mais parce qu'il était prince et qu'elle espérait devenir princesse.

— Maintenant, madame, ajouta Maurice, direz-vous encore que c'est un conte ?

La comtesse s'était un peu remise de son émotion.

— Mon Dieu, monsieur, dit-elle en cachant son ressentiment, c'est de l'histoire si vous voulez ; mais vous savez

comment on écrit l'histoire. Maintenant, vous dirai-je
que votre piége était grossier?...

— Chut! madame, je suis bon à pendre, je le sais.
Mais remarquez bien que, en ceci, j'ai tout simplement
pris ma revanche : vous m'avez emprisonné à Clichy, où
l'on n'entend que de mauvais propos; je vous ai emprisonnée sur l'eau, pour vous faire entendre de mauvais
propos.

Madame de Fargiel interrompit le comte d'Orbessac.

— Et où voulez-vous en venir?

— Mon Dieu! je ne suis pas un procureur général. Les
femmes, ne pouvant se délivrer de leurs ennemis par le
duel, *préméditent* d'autres vengeances... Vous n'avez pas
toujours été si orgueilleuse. Une fois, une seule fois, à
la suite d'un bal masqué, vous avez bien voulu confier
votre vertu à un fier-à-bras pour aller... où va la vertu.
Ceci ne m'empêche pas de vous trouver belle, d'adorer
ces longs cheveux qui révèlent tant de caprices charmants, ce cou noble et fier qu'eût envié Diane aux pieds
d'argent, cette main si blanche...

Maurice avait abandonné l'aviron pour saisir la main
de la comtesse. Il voulait étudier dans toutes ses phases
la passion qui l'emportait malgré lui vers cette femme
qu'il connaissait trop, cette femme charmante encore dans
sa perversité,

La comtesse avait abandonné sa main, en pensant que
c'était le seul moyen qu'elle eût d'aborder sur la rive.
Comme elle avait l'art des séductions, elle avait à propos
penché son cou voluptueux, en effleurant presque les lèvres
de son ennemi. Elle avait calculé juste : en effet, Maurice

eut beau ramer de l'autre main, il s'embarrassa dans les herbes. La comtesse se leva et sauta dans le parc avec la légèreté d'une fée. Maurice lui ressaisit la main. Se voyant libre, elle la dégagea d'un air dédaigneux.

— J'ai voulu vous prouver, madame, que j'étais capable de lutter avec vous... Vous voyez que je vous connais, je sais les côtés faibles... Croyez-m'en, vous allez trouver vos deux sœurs au lit de votre père ; valent-elles moins que vous ? Soyez la première à leur ouvrir les bras.

— Jamais! s'écria la comtesse.

XXIV

LA LETTRE D'AMÉLIE.

De longs nuages passaient sur la forêt. Par intervalles, le vent secouait rudement le front touffu des arbres cennaires; l'orage était dans l'air : les oiseaux inquiets se groupaient sous leurs vastes arcades, les hirondelles effleuraient les étangs.

Madame de Fargiel montait indolemment le perron du côté du parc; tout abattue par l'orage qui venait et par sa colère passée, elle ne se trouvait plus la force de lutter, même pour sa fortune compromise. Maurice la suivait en silence.

— Monsieur d'Orbessac, lui dit-elle avec impatience, je compte sur votre savoir-vivre; c'est bien assez de tyrannie comme cela; vous allez, s'il vous plaît, nous attendre au salon.

— C'est impossible, madame; que voulez-vous que deviennent ces deux pauvres filles là-haut, en face de vous, si je ne suis pas là ? Il faut que les armes soient égales; or, vous valez un homme et deux femmes pour le combat.

— Ce n'est pas l'heure de faire des phrases; je vous défends, monsieur, de monter dans la chambre de mon père.

Disant ces mots, madame de Fargiel étendit le bras comme pour empêcher Maurice de passer. Il lui prit la main avec une grâce exquise.

— Quelle douce violence, madame! dit-il en passant outre. Mais songez que nous n'avons pas de temps à perdre.

Ils entrèrent ensemble dans la chambre de M. de Parfondval; le malade était assis sur son lit, écoutant Marguerite qui achevait de lui raconter en peu de mots son histoire. Béatrix écoutait en silence au pied du lit. M. de Parfondval ne l'avait pas encore vue. Le médecin et le curé devisaient ensemble dans l'embrasure d'une fenêtre.

Madame de Fargiel pâlit de colère, quand elle vit la main de Marguerite dans la main du malade.

Cependant la beauté incomparable, si pure et si suave de la religieuse attendrit ce cœur, jusque-là inaccessible à toute charité humaine. Mais, ne se sentant pas le courage de pardonner cet acte de faiblesse à son père, elle aima mieux aller au curé, qui avait fait un pas pour la saluer. Maurice fit comme un provincial ou un artiste, il regarda les gravures qui décoraient la chambre.

Le bruit d'une voiture se fit entendre. Madame de Fargiel, qui s'était approchée de la fenêtre, reconnut les chevaux du prince de Waldesthal.

— Il m'est impossible de recevoir, dit-elle en se retournant vers son père.

Après un instant de réflexion, elle s'en alla à Maurice.

— Monsieur d'Orbessac, le prince de Waldesthal vient pour me voir; je vous saurai bien gré de descendre au salon lui exprimer mes regrets de ne pouvoir descendre moi-même.

Ces paroles étaient perfides comme celles d'une femme qui cherche à se venger. Madame de Fargiel savait très-bien que le prince n'accepterait ses regrets par la bouche de Maurice qu'avec beaucoup de mortification. En effet, Maurice n'aurait-il pas l'air d'être chez lui et de donner sans façon congé au nouveau venu? Le prince, jaloux et déjà irrité, ne devait pas oublier qu'ils avaient un point d'honneur à examiner ensemble.

Maurice n'osa point refuser cette mission toute simple, bien qu'il eût désiré rester spectateur de cette scène où il devait lui-même jouer un rôle. Mais il se promit de ne pas trop parlementer avec le prince. Il le rencontra dans le vestibule.

— Monsieur, lui dit-il d'un ton glacial, si je n'étais ici, je vous parlerais en mon nom, car je vous dois compte de mon voyage dans la forêt; mais, pour aujourd'hui, je me contenterai de vous dire que madame de Fargiel n'a pas le loisir de vous recevoir.

Quoique Allemand, le prince n'était pas très-flegmatique; il maîtrisait mal la joie ou la colère.

— Monsieur, fit-il en faisant siffler sa cravache, il serait bien temps, ce me semble, de nous couper un peu la gorge.

— Comment donc! dit Maurice en tordant sa moustache, c'est convenu; demain à sept heures, si vous voulez, je serai avec mes deux témoins en vue du donjon de Vincennes.

— Vous ne m'attendrez-pas, dit le prince en mettant cavalièrement son chapeau.

Il sortit aussitôt : le comte d'Orbessac remonta vivement dans la chambre à coucher de M. de Parfondval.

Béatrix se rapprocha de son père.

— Ah! c'est vous, mon enfant, dit le malade, qui reconnaissait Béatrix ; je vais mourir, mais je suis heureux de vous revoir encore.

Béatrix se pencha vers lui comme pour baiser sa main ; il l'attira doucement et l'embrassa sur le front.

— Mon père, dit-elle avec émotion, Marguerite vous a dit sans doute que je vous apportais une lettre de ma mère.

— Une lettre d'Amélie! s'écria le vieillard avec une expression de joie et de douleur.

Madame de Fargiel arriva tout d'un coup devant le lit, entre ses deux sœurs.

— On ne lira pas cette lettre, dit-elle d'un ton absolu.

Tout le monde la regarda avec étonnement, M. de Parfondval surtout, qui sembla l'interroger sévèrement.

— Non, dit-elle, on ne lira pas cette lettre aujourd'hui ; mon père est trop affaibli pour que je permette cette nouvelle secousse.

Le médecin, qui s'était approché, eut l'air d'approuver.

— Mais, mon enfant, dit M. de Parfondval en reprenant son air paternel, je ne veux pas attendre à demain pour écouter cette lettre. D'ailleurs, demain, qui sait si je serai là ? Voyons, voyons, dit-il en se retournant vers Béatrix, remettez-moi votre message.

Béatrix prit dans son sein la lettre inespérée ; elle la baisa et la remit au malade sans dire un mot. Le comte de Parfondval tressaillit en saisissant cette lettre. Deux larmes tombèrent de ses yeux, une pâleur mortelle se répandit sur son visage.

— Amélie! Amélie! s'écria-t-il d'une voix brisée par les sanglots, ce n'est pas vous qui fûtes coupable, c'est moi.

Il regarda l'écriture de la suscription. Jusque-là, il avai été presque toujours convaincu du crime de sa femme; à peine si quelques doutes avaient traversé son esprit. Il se fit, à la vue de cette lettre, une révolution dans son cœur, il sentit qu'il n'avait pas cessé d'aimer Amélie.

— Messieurs, dit-il d'une voix forte au médecin et au curé, vous avez toute mon estime, vous pouvez assister à la lecture de cette lettre.

— Oui, oui, dit Béatrix avec enthousiasme, il faut que tout le monde sache que ma mère ne fut point coupable.

— Oui, messieurs, reprit le malade, la colère m'a aveuglé; il y a là, poursuivit-il en se frappant le cœur, il y a là une voix qui prie pour madame de Parfondval, que j'ai abandonnée! Cette lettre, messieurs, c'est son dernier adieu : je l'ai abandonnée sans vouloir l'entendre. Ses deux filles que vous voyez là, ce sont mes filles; car, puisqu'elles m'apportent cette lettre, c'est que je vais y trouver la justification de leur malheureuse mère.

Madame de Fargiel, plus pâle qu'une morte, s'approcha de son père et lui dit à voix basse.

— Mais, mon père, tous vos beaux sentiments vous emportent jusqu'au ridicule; allez-vous donc croire aux paroles d'une femme qui vous a trompé? Elle vous a trompé durant sa vie, va-t-elle maintenant vous tromper après sa mort, en vous disant, par exemple, que ces deux filles sont les vôtres?

M. de Parfondval regarda madame de Fargiel avec une indignation mal déguisée; une expression douloureuse passa sur sa figure; il porta la main à son cœur et respira péniblement.

— Régine, murmura-t-il à voix basse, est-ce bien vous qui avez dit cela? Avez-vous donc oublié que celle dont vous parlez fut votre mère? Quoi! vous voulez douter de sa vertu! vous refusez de la croire au delà du tombeau!... Amélie! Amélie!...

M. de Parfondval essuya ses larmes et retomba affaissé.

— Eh bien, moi, reprit-il d'une voix mourante, je vous réponds que tout ce que va me dire votre mère dans cette lettre d'adieu je le croirai.

Un silence solennel s'était répandu dans la chambre; tout le monde semblait attendre avec anxiété. Madame de Fargiel n'osait plus regarder ni son père, ni ses sœurs, ni Maurice; elle s'approcha du médecin en baissant les yeux :

— Croyez-vous, monsieur, dit-elle en se cachant la figure dans son mouchoir, que mon père puisse entendre cette lettre sans danger? C'est impossible, n'est-ce pas? car vous me répondez de lui.

Le médecin était un homme assez faible qui n'osa contredire madame de Fargiel.

— Vous avez raison, madame, il y a tout à craindre d'une émotion trop vive.

Madame de Fargiel respira. Maurice, qui, appuyé contre la bibliothèque, venait d'entendre cette conversation, s'avança rapidement près du médecin, lui saisit le bras avec force, et lui dit de l'air d'un homme qui n'est pas habitué aux objections :

— Monsieur, je vous ordonne de déclarer qui faut que cette lettre soit lue ; vous ne voyez donc pas qu'il y a là deux filles abandonnées qui vont retrouver leur père?

Madame de Fargiel lança un regard farouche au comte d'Orbessac ; mais, comme Maurice regardait le médecin en face, celui-ci dit à la comtesse :

— Je crois, madame, qu'il faut que cette lettre soit lue le plus tôt possible.

A cet instant, M. de Parfondval, revenu à lui, brisa le cachet de la lettre et promena un regard rapide sur les trois pages écrites par Amélie. C'est en vain qu'il voulait lire avec ses yeux affaiblis ; il reconnaissait l'écriture de sa femme, mais il ne pouvait voir ce qu'elle lui disait.

Madame de Fargiel s'élança vers lui ; un dernier espoir venait de lui sourire, elle pourrait atténuer le sens de la lettre à son gré.

— Mon père, laissez-moi lire, car votre vue est trop fatiguée.

— C'est vrai, je ne puis pas lire, dit M. de Parfondval, lisez donc. Ou plutôt, reprit-il avec un regard presque défiant, c'est Marguerite qui va lire elle-même.

— Marguerite? dit la comtesse de Fargiel d'un air offensé.

— Oui, dit le malade avec fermeté.

Pour adoucir son refus, il ajouta :

— Car Marguerite a la voix de sa mère ; il me semblera entendre encore ma pauvre Amélie.

Madame de Fargiel ne trouva plus un mot à dire ; elle s'éloigna du lit, désespérée, en songeant avec rage qu'elle avait été bien niaise le jour où elle avait tenu la lettre dans ses mains sans la déchirer et la jeter au feu. Elle regretta de n'avoir pas lutté corps à corps avec le comte d'Orbessac.

Cependant Marguerite avait pris avec un profond respect la lettre des mains de M. de Parfondval. Béatrix, appuyée au pied du lit, regardait tour à tour sa sœur, le malade et Maurice, qui s'était approché d'elle et qui suivait d'un regard tristement railleur la pâle et désespérée madame de Fargiel.

Elle était allée s'asseoir près de la cheminée, entre le médecin et le curé.

— Après tout, dit-elle en regardant le petit meuble en bois de rose, il y a neuf cent mille francs qui ne seront point partagés.

Marguerite, qui était debout au chevet du lit, tomba respectueusement agenouillée pour lire la lettre de sa mère.

Jamais cette belle figure, ensevelie dans un voile presque funèbre, n'avait été animée d'une expression plus céleste ; on eût dit que l'âme de sa mère venait de passer dans son regard.

— Et puis, continua madame de Fargiel, il aura beau reconnaître qu'elles sont ses filles, il ne lui restera plus le temps ni la raison de faire encore un testament. Tout au plus, il pourra me donner la mission de le remplacer près d'elles.

Cependant, elle tremblait que son père ne l'eût devinée et ne se souvînt trop des paroles cruelles qu'elle avait dites contre sa mère quelques minutes auparavant.

Marguerite lut d'une voix profondément émue, en s'interrompant pour essuyer ses larmes :

« Parfondval, janvier 1824.

» Quand vous lirez ces lignes, monsieur, je serai morte
» depuis longtemps, peut-être ; Dieu fasse qu'elles ne
» vous arrivent pas trop tard! Vous avez été bien cruel
» quand vous avez refusé de m'entendre : n'ai-je donc
» pas excité votre pitié par mes larmes et par ma dou-
» leur? Puisse le souverain Juge, quand vous paraîtrez
» devant lui, ne pas détourner la tête et vous repousser,
» comme vous avez fait en me voyant. J'espère que la
» pierre de mon tombeau apaisera votre colère ; vous n'y
» viendrez pas pour prier pour moi, mais ma pensée ira
» jusqu'à vous ; ne repoussez pas mon âme.

» Ah! monsieur, monsieur! si j'avais la force de vous
» dire tout ce que j'ai dans le cœur, tout mon chagrin,
» tout mon désespoir, toutes mes angoisses! Jamais une
» pauvre femme n'a vu venir la mort avec un pareil ef-
» froi. Vous qui me protégiez, vous n'êtes plus là. Vous
» m'avez enlevé Régine ; mais pourquoi ne pas m'avoir
» enlevé mes trois filles? Que voulez-vous que je dise à
» ces pauvres enfants qui pleurent devant mon lit? Est-
» ce possible que vous ne reviendrez pas pour les voir et
» pour les aimer? Dieu permettra-t-il que votre ven-

» geance s'étende jusque sur elles? On a maudit quel-
» quefois des enfants, mais la malédiction ne peut attein-
» dre un berceau. Hier encore, je m'en souviens, vous
» êtes venu jouer avec elles à leur réveil. Comme elles
» vous souriaient avec amour! car je leur ai donné mon
» cœur pour vous aimer... »

M. de Parfondval, suffoqué par l'émotion, tendit ses bras à Béatrix : les deux sœurs s'y précipitèrent en même temps.

La scène était simple, silencieuse et touchante. Elle avait un si beau caractère de grandeur, que le médecin sentit des larmes couler sur ses joues, et que le curé fit pieusement un signe de croix comme s'il voyait passer Dieu dans cette effusion paternelle et filiale.

Madame de Fargiel, seule, était insensible et belle comme le marbre, au milieu de toutes ces nobles émotions. Elle se leva lentement et alla ouvrir la fenêtre, en murmurant :

— On étouffe ici, voilà l'orage qui vient.

Maurice, qui ne la perdait pas de vue, étudiait tous les mouvements de cette âme, que la soif de l'or avait ravagée.

— Marguerite, continuez, dit M. de Parfondval; cette lettre me fait du bien; lisez-la-moi tout entière... et puis vous me la relirez encore.

— Que je continue? balbutia Marguerite.

Une vive rougeur venait d'éclater sur sa figure habituellement si pâle.

— Je vous écoute, car nous n'en sommes, il me semble, qu'à moitié.

En effet, Marguerite n'avait pas lu quatre lignes de la troisième page.

La voyant ainsi hésiter, madame de Fargiel s'était approchée avec une horrible joie.

— Voyons, dit-elle d'un air presque victorieux, lisez donc la fin de cette lettre.

— Non, répondit Marguerite en pleurant, je ne lirai pas.

— Eh bien, je vais lire ! dit la comtesse en tendant la main vers celle de la religieuse.

— Vous ! s'écria Béatrix en saisissant la lettre : non, non, vous n'avez pas le droit de le faire.

M. de Parfondval regardait ses trois filles avec anxiété.

La scène avait subitement changé d'aspect devant ce lit d'un mourant, qui écoutait la voix d'une morte. Toutes les figures, qui s'étaient ouvertes au sentiment d'une bonne cause presque gagnée, prirent tout à coup un air de désolation. Un horrible silence glaçait la chambre. Béatrix et Marguerite se regardaient avec désespoir.

XXV

LA FIN DE LA LETTRE

Maurice avait saisi la main de madame de Fargiel.

— Si vous vouliez écouter votre cœur, lui dit-il à voix basse, vous ne permettriez pas que votre père s'en allât de ce monde avec un sentiment de haine contre votre mère. Pourquoi lirait-on la fin de cette lettre?

— Monsieur, répondit la comtesse en dégageant sa main, cette lettre a été écrite pour être lue.

— Vous oubliez que ce n'était pas votre avis, il y a trois jours.

— En vérité, monsieur, je ne comprends rien à cette persévérance à me faire la guerre. Certes, lundi, aux Champs-Élysées, j'avais bien raison de vous dire : *Ne nous revoyons jamais.* Il y a un homme qui m'a laissé un très-vif souvenir, il s'appelait, comme vous, M. le comte Maurice d'Orbessac, il vous ressemblait de point en point ; cependant ce n'est pas vous.

— Lundi, madame, je n'avais pas rencontré vos deux sœurs, et je les aime... sans doute parce qu'elles sont de votre famille.

Tout cela s'était dit très-vite. Madame de Fargiel, qui aimait Maurice en dépit d'elle-même, Maurice, qui aimait un peu madame de Fargiel sans trop le savoir, avaient presque oublié que le drame touchait au dénoûment.

Ils furent interrompus et rappelés à l'idée dominante de la scène par la voix altérée du comte de Parfondval, qui ordonnait à Béatrix de lire la fin de la lettre.

— Je n'y vois pas, répondit Béatrix en montrant ses larmes. — Cependant, reprit-elle en s'inclinant vers le malade, j'obéis.

Marguerite s'éloigna du lit. Le médecin prit sa montre pour faire semblant de ne pas écouter. Madame de Fargiel se raprocha de son père, entraînant Maurice, qui la voulait retenir.

Béatrix continua ainsi la lecture de la lettre d'Amélie:

« Je suis coupable, monsieur, mais je serais bien plus
» coupable encore si je ne vous disais tout, du moins
» tout ce que je sais. J'ai aimé Pierre Marbault, je l'ai
» aimé avant de vous connaître, je l'ai aimé étant votre
» femme. Dieu m'avait donné cet amour tombé du ciel ;
» le devoir de l'épouse n'a pu effacer cette page brûlante
» de mon cœur ; mais Dieu m'est témoin que j'ai lutté de
» toutes mes forces. J'ai fini par succomber... »

— N'achevez pas! n'achevez pas! dit M. de Parfondval avec fureur.

— Mais il n'y a plus que trois ou quatre lignes, observa madame de Fargiel, qui ne se désarmait jamais.

— Hélas! dit Béatrix en laissant tomber la lettre sur ses genoux avec désespoir, ce qui reste à lire, c'est une prière de ma mère pour ses deux filles abandonnées.

Le délire avait subitement saisi le malade.

— Je sais tout, je sais tout, dit-il d'un air menaçant. Écoutez-moi, voilà ce que j'ai vu. Elle lui a écrit, j'ai saisi la lettre entre les mains du messager Amélie lui disait d'aller une fois au petit château de son père, où elle voulait encore lui presser la main. J'ai moi-même envoyé la lettre à Pierre Marbault. Le lendemain, elle est partie pour le voir. Ils se sont rencontrés dans l'avenue de Béthisy. J'étais là, armé d'un bon fusil, car j'étais parti pour la chasse. Ils sont entrés dans la petite chambre d'Amélie. Les pauvres enfants, ils ne faisaient rien de mal! Amélie donnait à Pierre Marbault un bouquet de pervenches tout flétri.

» — Tenez, Pierre, c'est vous qui me l'avez cueilli.

» Il ne disait pas un mot.

» — Pierre, Pierre, je vais mourir! disait-elle. N'est-ce pas? comme je suis pâle! Ne dirait-on pas un spectre qui cherche son tombeau? Allez, je suis bien près de la tombe.

» — Je ne vous survivrai pas, dit Pierre.

» — Non, non, vivez pour penser à moi quand je serai morte. Vous savez comme les cœurs faibles tiennent à un souvenir du monde. Et puis, ces pauvres filles, qui est-ce qui les aimera?

» — Quand vous serez morte, dit Pierre, je mourrai. Vous ne savez donc pas que c'était là que je vous attendais?

» Depuis un instant, Amélie était plus pâle encore.

» — Pierre, prenez garde à moi, dit-elle d'une voix éteinte, je me sens faible comme si j'allais mourir.

» Pierre Marbault se rapprocha d'elle et la soutint dans ses bras.

» — Ami, dit-elle, je suis bien coupable ; je voudrais mourir comme je suis là.

» A cet instant, j'apparus à la porte.

» — Le comte ! s'écria-t-elle avec terreur.

» Elle tomba évanouie dans ses bras. Je ne dis pas un mot, j'armai mon fusil.

» — Monsieur, me dit Pierre Marbault, tuez-moi si vous voulez, mais prenez garde d'atteindre une femme morte.

» Le coup partit. Madame de Parfondval se leva subitement. Lui ne se releva plus.

Le comte s'interrompit et s'agita violemment.

— La mort ! la mort ! tout est mort, et moi...

Il poursuivit encore, comme en se parlant à lui-même :

— Je ne dis pas un mot à cette femme ; je repris, à travers les bois, le chemin du château, sans m'inquiéter d'Amélie, qui m'était devenue plus étrangère qu'une inconnue. A mon retour à Parfondval, elle n'était pas rentrée. Quand elle reparut, elle dut voir la berline qui m'attendait dans la cour ; elle vint à moi. Je ne desserrai pas les dents. Régine avait un manteau et se tenait à l'écart.

» — Est-ce qu'elle va partir aussi ? me demanda la mère avec effroi.

» — Oui, dit Régine, car vous n'êtes plus ma mère.

» — Je ne suis plus ta mère !

» On emporta Amélie à moitié folle et à moitié morte.

» Une demi-heure après, j'allais descendre l'escalier

avec Régine. Une porte s'ouvrit : je vis encore Amélie tenant à la main Clotilde et portant sur son cœur Marguerite. Ah! ce spectacle me tortura longtemps! Elle ne me dit pas une seule parole. J'appris à huit jours de là qu'elle etait morte le soir même. Voilà tout. Approchez-vous, Marguerite.

La jeune fille s'avança devant le malade.

— Vous, au moins, vous êtes le portrait de votre mère.

Il regarda Béatrix :

— Mais elle, avec ses yeux verts...

Il s'était soulevé; il poussa un cri et tomba sur son oreiller. Un silence terrible suivit. M. de Parfondval étouffait. Le médecin accourut à son lit et lui souleva la tête.

— Ouvrez la fenêtre! cria-t-il.

M. de Parfondval venait d'expirer.

Le prêtre et Marguerite se mirent en prières. Béatrix alla appuyer sa tête sur le cœur de Maurice.

— C'est fini, dit-elle, il est mort sans nous reconnaître. Partons.

Madame de Fargiel sonna.

— Dites à Bastien qu'il aille sans plus tarder avertir le notaire et le juge de paix.

Et la comtesse sortit, non sans avoir lancé un regard victorieux sur Maurice.

— Vaincu! murmura-t-il... Qui sait?

Il entraîna Béatrix à la fenêtre.

— Pourquoi partirions-nous? Votre père ne vous a pas reconnues, mais la loi vous reconnaîtra pour ses filles.

— La loi! dit Béatrix avec dignité, la loi! Que m'importe? Si je ne suis pas sa fille, je ne veux pas hériter. Partons.

Elle alla vers Marguerite et lui fit signe de la suivre.

— Non, dit Marguerite.

— Que vas-tu faire ici? prier?

— Non, dit encore Marguerite.

— Tu as donc perdu l'esprit?

— Non, dit-elle une troisième fois.

Deux heures après, Béatrix et le comte d'Orbessac allaient rentrer à Paris, ne comprenant rien à Marguerite.

— Je commence à la deviner, dit Béatrix : elle vous fuit parce qu'elle vous aime. La pauvre fille! que va-t-elle devenir? — Mais, moi-même, que vais-je devenir? ajouta tristement Béatrix en penchant la tête sur l'épaule de son amant; car, vous le savez, je n'ai plus rien que votre amour.

— Tant mieux, dit Maurice, qui était un noble cœur; vous m'avez demandé ma main, la voilà; à la vie à la mort!

En parlant ainsi avec enthousiasme, Maurice avait saisi la main de Béatrix.

Et, arrivé chez elle :

— Comme je vous sais gré, lui dit-il en lui pressant le bras, de vous être réfugiée avec ma pensée dans ce petit grenier où l'on respire de tout son cœur, loin de ce luxe offensant qui appartenait à tout le monde! Comme je vous sais gré de vous être faite pauvre, vous qui aviez sous la main toutes les richesses des reines de théâtre et des reines de Golconde! Vous avez renvoyé vos cheraux, mais les miens sont à vous. Je ne suis ni si riche ni si pauvre que j'en ai l'air dans ce pays d'exagération. Nous serons heureux, Béatrix, car le bonheur est un peu d'air vif qu'on respire à deux.

— Quel roman depuis deux jours! dit Béatrix d'un air pensif.

— Oui, dit Maurice, un roman quelque peu compliqué qui va finir, comme un vaudeville, par un mariage. Vous prierez vos amis, les six vaudevillistes, de faire le couplet final.

Pendant que Béatrix et le comte d'Orbessac rêvaient ainsi au bonheur du lendemain, car le bonheur n'existe jamais que le lendemain — ou quelquefois la veille — voici ce qui se passait au château de Marvy.

Le notaire, le juge de paix et son greffier venaient d'y arriver. Le prêtre était resté en prières avec Marguerite dans la chambre du mort. Madame de Fargiel était venue deux ou trois fois pour renvoyer Marguerite; mais en la voyant si calme, si douce et si belle, elle avait pensé à sa mère, et s'en était allée en silence. Dès qu'elle vit venir le notaire, elle courut à sa rencontre.

— Il y a là-haut, près de mon père, lui dit-elle, une religieuse dont la présence m'irrite et me fait mal. Est-ce que cette fille a le droit de rester là?

Non, madame, dit M⁰ Alboise, nous allons la prier de passer dans une autre pièce.

Mais un instant après, à la prière du notaire, Marguerite répondit :

— J'ai le droit de prier Dieu au pied du lit de mon père.

— Encore une! reprit le notaire qui n'avait pas oublié Béatrix, cette maudite comédienne qui lui avait fait manquer un beau testament.

— Je sais bien, répondit Marguerite, que ma sœur, madame de Fargiel, aurait bien désiré rester un peu seule ici, car elle n'ignore pas qu'il y a dans ce meuble à peu près neuf cent mille francs, dont je veux que Béatrix ait sa part.

— Neuf cent mille francs! s'écria madame de Fargiel confondue.

— Oui, mon père me l'a dit, reprit Marguerite.

— Il y a un testament, reprit la comtesse éperdue.

— Mon père l'a déchiré.

— Ne la croyez pas, messieurs, elle n'est pas la fille de mon père.

Le notaire, après la scène du testament, avait appris de M. de Parfondval que sa femme avait eu trois filles dans le mariage, deux filles nées d'un adultère.

— Madame, dit-il à la comtesse de l'air triomphant de l'homme de loi qui met la main sur une succession embrouillée, s'il n'y a pas de testament, votre sœur a les mêmes droits que vous à la succession de M. de Parfondval, car elle ne sont pas nées hors mariage.

Madame de Fargiel était atterrée.

XXVI

BÉATRIX

Le soir, vers dix heures, Maurice dit adieu à Béatrix.
— Maurice, ne me laissez pas seule.
— Il faut que j'aille à l'Opéra, où je dois trouver quelques amis. Demain, à dix heures, je serai avec vous pour ne vous plus quitter.

Maurice embrassa Béatrix avec passion et avec tendresse. Il courut à l'Opéra.

— Je me bats demain, dit-il à deux de ses camarades, soyez mes témoins.

Il rentra chez lui, et écrivit un testament en faveur de son frère et de Béatrix. Il avait une sœur mariée à un maître de forges quatre fois millionnaire. Il ne lui légua que des souvenirs de famille.

— Quelle bêtise! dit-il en allumant un cigare et en relisant ce testament. Est-ce que cet imbécile de prince allemand tuerait un homme d'esprit?

Béatrix avait passé une nuit agitée, mais pleine de douces visions : Maurice était venu vingt fois la visiter avec un sourire d'amour, avec un regard d'espérance.

Elle fut réveillée tout d'un coup par le bruit d'une porte qu'on ouvrait précipitamment.

— Madame ! madame ! dit la femme de chambre en courant à son lit, je ne sais ce qu'ils ont dans l'escalier.

— Je ne vous comprends pas, dit Béatrix en se soulevant.

— Est-ce que je sais ? Ils sont là qui parlent ; sans doute un malheur est arrivé, car il y en a un qui est porté par les autres ; les entendez-vous ? les voilà qui entrent.

Un pressentiment terrible frappa Béatrix au cœur.

— Maurice ! s'écria-t-elle avec anxiété.

Presque au même instant, Maurice, soutenu par ses deux témoins, parut sur le seuil ; il n'avait jamais été plus beau que dans cette pâleur mortelle, déjà répandue sur sa figure si noble, si douce et si fière.

Béatrix se jeta à sa rencontre ; elle voulut le prendre sur son cœur, mais elle tomba sans force sur le tapis.

Elle se releva tout à coup.

— Maurice ! Maurice !... parlez-moi donc, Maurice.

On venait de déposer le comte d'Orbessac sur le lit de Béatrix.

— Que je vous parle ? murmura-t-il en lui tendant la main. Que te dirai-je, Béatrix ? Il me reste trop peu de temps à vivre pour que je veuille te tromper.

— Mourir ! tu mourrais, toi !

Béatrix, éclatant dans sa douleur, s'était jetée éperdument sur le comte d'Orbessac.

— Oh ! mon Dieu, dit-elle avec épouvante, voilà tout son sang qui s'en va.

Maurice avait été frappé au-dessus du cœur; Béatrix mit ses deux mains sur la plaie.

— Mais tout cela est impossible! Maurice, Maurice, tu ne me parles plus; quelle pâleur! Tout cela est un songe.

Elle se tourna vers l'un des témoins de Maurice :

Monsieur, expliquez-moi donc...

— Tout n'est pas désespéré, madame; le médecin, qui va venir, vous dira qu'une telle blessure est dangereuse, mais qu'elle n'est pas toujours mortelle.

— Ne nous abusons pas, dit Maurice avec son charmant sourire; quand on a bien vécu, on doit savoir bien mourir. En toutes choses ici-bas, il faut prendre son parti. Je ne demandais qu'une grâce, vous le savez, c'était d'avoir encore une fois sous les yeux cette adorable figure de Béatrix, que je n'oublierai pas là-haut, si l'âme se souvient.

Maurice avait épuisé ses forces en disant ces quelques mots.

On peindrait mal tout le désespoir de Béatrix. Elle se jetait sur le lit, elle courait aux amis de Maurice, elle tombait à genoux et priait Dieu par ses sanglots.

— Allez, Béatrix, reprit le comte d'Orbessac d'un voix mourante, je ne regrette de la vie que votre amour, mais je suis heureux de mourir si près de votre cœur.

Il ne pouvait plus parler, il s'interrompait à chaqu mot.

— Tu te rappelles, ma chère Béatrix, ce beau voyage à travers champs dont nous promettions de nous souvenir toujours? Tu me disais en t'appuyant sur moi : « Rodrigue, as-tu du cœur? » Quand tu verras mes yeux se fermer, quand mon âme s'arrêtera sur mes lèvres, tu passeras ta blanche main sur mon cœur, et tu sentiras que je meurs plein d'amour pour toi.

Maurice pencha la tête comme s'il s'était assoupi.

— S'il pouvait dormir ! dit un des témoins.

Le médecin, qui venait de rentrer, fit un signe de désespoir.

— Voyez! dit-il à voix basse en indiquant du doigt la pendule.

Dix heures allaient bientôt sonner.

— Eh bien?

— Eh bien, quand l'heure sonnera... A-t-il une mère? a-t-il une sœur?

— Est-ce que nous savons? dit l'autre témoin, furieux contre le sort en voyant mourir un si gai et si loyal compagnon. Maurice est un puits de ténèbres. Est-ce qu'il avait d'ailleurs le temps, au milieu de ses aventures du jour, de vous raconter les aventures de la veille! Ce qu'il y a de sûr, c'est qu'il s'est toujours montré brave et chevaleresque. Il est venu à Paris, il y a peut-être dix ans, avec une assez grande fortune : il a tout gaspillé pour les chevaux et pour les femmes ; il a beaucoup donné ou prêté à ses amis. Il parlait quelquefois de son frère Raoul, qui a fait des dettes, et s'en est allé bravement prendre son parti dans l'armée d'Afrique.

Ces paroles avaient été prononcées à voix basse à quelque distance du lit: mais les mourants, à l'heure suprême, voient tout, entendent tout.

— Il paraît, dit Maurice, que vous prononcez déjà mon oraison funèbre ; mais vous faites trop mon éloge. Je n'ai pas tout gaspillé mon bien pour de si belles causes. On trouvera chez moi un testament où je ne vous lègue pas mes dettes, où je donne ce que j'ai à Béatrix et à mon frère.

Et après un silence.

— Voilà, poursuivit-il en pressant la main de Béatrix qui était penchée au-dessus de lui avec des yeux pleins de larmes; voilà celle qui prononcera mon oraison funèbre : elle se consolera et elle se laissera reprendre au tourbillon ; mais un soir, après souper, en portant à ses lèvres un verre de vin de Champagne, elle y laissera tomber une larme, et dira en pâlissant tout à coup : — *Ah ! Maurice d'Orbessac, en voilà un qui savait aimer !*

— Me consoler! s'écria Béatrix. Maurice, Maurice, je veux mourir avec toi!

Le blessé entr'ouvrit les lèvres.

— Ah ! mon Dieu ! murmura sa pâle maîtresse.

La pauvre désolée porta vivement la main au cœur de son amant. Le cœur ne battait plus.

— Ah! mon Dieu! reprit Béatrix, faites-moi la grâce de me prendre avec lui.

XXVII

MARGUERITE

Quand Béatrix revint à elle, une femme agenouillée devant le lit priait et pleurait.

— Ah! oui, dit Béatrix, tu pries pour lui et tu pleures pour moi.

— Je pleure pour moi, dit Marguerite.

XXVIII

MADAME DE FARGIEL

Ce jour-là, vers midi, un cavalier arriva tout effaré au château de Marvy.

Son cheval était écumant et couvert de boue.

Il mit pied à terre, attacha son cheval à la grille de l'avenue, et vint à grands pas vers le perron. Madame de Fargiel avait reconnu le prince de Waldesthal.

— Pardonnez-moi, madame, dit-il en l'abordant, si je viens vous trouver dans un pareil jour, car je viens d'apprendre la mort de M. de Parfondval.

— Parlez, monsieur. Quel air bouleversé ! Vous m'effrayez.

— Madame, je viens vous demander un refuge. Dans deux heures, je serai poursuivi ; car, ne le devinez-vous pas ? je me suis battu ce matin avec M. d'Orbessac.

Madame de Fargiel devint pâle comme une morte ; elle sentit à cet instant que son cœur battait encore.

— Vous l'avez tué ? dit-elle au prince avec désespoir.

Elle n'avait pu réprimer un premier élan de passion ;

mais elle n'était pas femme à se laisser dominer par son cœur. Elle eut cette diabolique pensée, que le comte d'Orbessac étant mort, il ne lui restait plus que le prince de Waldesthal.

— Entrez, monsieur, dit-elle au prince avec ce joli sourire qu'elle avait tant de fois étudié devant un miroir — ce sourire dont Ève remercia le serpent.

XXIX

LES TROIS SŒURS

Marguerite était demeurée toute la nuit à prier pour M. de Parfondval. Revenue à Paris le lendemain vers midi, elle avait trouvé Béatrix à moitié folle de douleur, qui jurait que, morte ou vive, on l'emporterait avec lui dans la tombe.

Marguerite avait passé une seconde nuit devant un lit mortuaire.

A l'heure des funérailles du comte d'Orbessac, trois femmes étaient agenouillées dans l'église de la Madeleine.

La première, craignant d'être reconnue, s'éloigna dès qu'elle eut salué le cercueil du regard.

La seconde priait à la chapelle de la Vierge et soutenait la troisième dans ses bras.

Quand on emporta le corps, la troisième poussa un cri sec et tomba sur les dalles.

Le même jour, madame de Fargiel partit pour l'Allemagne avec le prince de Waldesthal, après avoir chargé trois avocats célèbres de défendre ses droits. Quoique ce fût une femme sans cœur, Dieu l'avait punie par le cœur. La mort de Maurice l'avait blessée mortellement.

Sur le soir, Marguerite essayait de consoler Béatrix en se désolant avec elle.

La pauvre Béatrix n'avait pas même la force de se plaindre. Elle regardait sa sœur en silence, avec des yeux sans larmes.

— Marguerite, dit-elle tout à coup, retourneras-tu au couvent?

— Non, répondit Marguerite.

— Eh bien, moi... moi... j'irai.

— Béatrix! Béatrix! c'est le tombeau et ce n'est pas la mort.

— C'est ce qu'il me faut, dit Béatrix avec un sombre espoir. Quand tu étais au couvent, toi, tu n'avais personne à pleurer.

— J'y pleurais ma seule amie, que j'avais tuée...

— Une amie! qu'est-ce que cela? Moi, j'y pleurerai Maurice, que j'ai tué. Le couvent, je m'en souviens, on y respire l'odeur du tombeau : il me semble que je serai là avec lui.

— Hélas! dit Marguerite au souvenir des sombres cellules de la rue de Vaugirard.

Béatrix s'était approchée de la fenêtre et elle regardait luire les étoiles.

— Et puis, reprit-elle avec enthousiasme, je suis une folle pécheresse. A force d'expiation, Dieu permettra peut-être à mon âme de retrouver Maurice là-haut.

— Moi, pensait Marguerite, je veux vivre de la vie que Dieu a faite à ses enfants. Je ne suis pas assez pure pour n'aimer que Dieu ; je sais trop que mon pied tient à la terre. Tu sais que nous héritons chacune de cinq à six cent mille francs de M. de Parfondval, dit-elle à Béatrix.

— Je n'en veux pas un denier, répondit Béatrix. Maurice a écrit son testament où il me laisse la moitié de tout ce qui lui restait. Je ne veux que ses cheveux, que j'ai eu le courage de couper ce matin comme s'il eût été endormi... Ainsi, ma chère Marguerite, si j'ai des droits à la succession de M. de Parfondval, je te les abandonne de tout mon cœur. Tu as raison de vivre un peu au soleil, comme les autres ; moi j'y ai trop vécu. A ton tour, ne m'oublie pas tout à fait dans le tourbillon couleur de rose...

Marguerite était devenue rêveuse.

— Le tourbillon! ah! je voudrais qu'il m'emportât jusqu'à l'ivresse, car je ne suis plus qu'une statue; mon pauvre cœur s'était glacé, là-bas. Et pourtant, quand j'ai vu Maurice, j'ai senti que je n'étais pas tout à fait morte.

— Oui, dit Béatrix, j'avais oublié ; mais tu ne l'aimais pas comme je l'aimais !

Béatrix parut soudainement frappée d'une révélation.

— Marguerite, je te hais!

Marguerite leva la tête et regarda Béatrix avec un mouvement de surprise.

— Est-ce qu'elle devient folle? se demandait-elle.

— Oui, je te hais, poursuivit Béatrix, je te hais, parce que tu l'as aimé, parce que... ton amour donne la mort!

— Ma sœur!

— Oui, ton amour donne la mort, c'est toi qui me l'as dit. Le jour même où tu l'as vu dans ma chambre, j'ai senti quelque chose de froid qui me passait dans le cœur. C'était comme un pressentiment.

— Oui, dit Marguerite avec désespoir, j'ai porté la douleur partout où je suis allée. Est-il donc vrai, mon Dieu! que les filles expient les fautes de la mère? Béatrix, Béatrix, ce n'est pas à toi à aller au couvent, c'est à moi; car c'est en vain que je cherche la vie, je ne rencontre que la mort.

XXX

MENUS PROPOS DE COMÉDIENNES

Un matin vers onze heures, une comédienne des Variétés qui venait de jouer en province, et une coryphée de l'Opéra qui arrivait des eaux, se présentaient ensemble devant l'ancienne demeure de Béatrix.

— Passez, madame.

— Après vous, madame.

Ces demoiselles s'étaient rencontrées en quelques folles aventures.

— Vous allez peut-être chez Béatrix?.dit l'une.

— Et vous aussi? dit l'autre.

Elles montèrent ensemble l'escalier.

— Qui demandez-vous? cria insolemment la portière qui les reconnut pour des femmes de théâtre.

— Nous allons chez Béatrix.

— Il n'y a plus de Béatrix. Elle a donné sa démission. Il y a maintenant mademoiselle de Parfondval.

— Ah! oui, dit la coryphée, c'est son nom de guerre.

— Ne vous trompez pas de porte, reprit la portière, c'est au cinquième.

— Qu'est-ce que cela veut dire? demanda la comédienne en montant. Quelle métamorphose !

— Oui, dit la coryphée sans trop de surprise, on m'a déjà parlé de cela hier au foyer. Il paraît qu'elle a tout renvoyé à ses amants : ses chevaux, sa calèche, ses tableaux, ses diamants.. Quelle folie ! Est-ce qu'ils lui rendront ce qu'elle leur a donné ?

— Renvoyer ses amants, passe encore, mais ses chevaux !... Est-ce que nous ne sommes pas au cinquième ? Quelle drôle de mine elle va nous faire !

A cet instant, la femme de chambre de Béatrix ouvrit la porte.

— Ah ! c'est ici ! je reconnais Juliette, dit la comédienne en s'élançant comme une folle dans l'appartement

— Attendez donc ! lui cria cette fille en voulant l'arrêter.

— Mais la comédienne n'écoutait pas. Elle arriva jusque dans la petite chambre à coucher où Maurice était mort quelques semaines auparavant.

Il y avait au piano une jeune femme qui jouait la *Sérénade* de Schubert.

Elle était vêtue avec beaucoup de fraîcheur, de grâce et de simplicité : une robe de foulard, brune à raies blanches, un léger col en guipure, des manchettes plissées, des brodequins de soie : voilà tout. Elle était coiffée de ses cheveux, dont les larges bandeaux encadraient chastement sa belle figure de vierge italienne.

— Ah ! ma chère Béatrix, dit vivement la comédienne, comme vous vous êtes perchée dans les nues...

Elle s'interrompit.

— Pardon, madame, je croyais que c'était Béatrix.

Celle à qui s'adressaient ces paroles était Marguerite de Parfondval.

— Béatrix! dit-elle d'un air affable, ne le savez-vous donc pas? Elle est aux Carmélites.

— Vous vous trompez, j'imagine, car c'est la sœur de Béatrix qui est aux Carmélites. Voilà du moins ce qu'elle m'a dit souvent.

Marguerite répondit en rougissant :

— La sœur de Béatrix, c'est moi.

La coryphée venait d'entrer à son tour, après avoir parlé à la femme de chambre.

— Figure-toi, lui dit la comédienne, que cette bonne folle de Béatrix est au couvent.

— Juliette vient de me dire cela; mais c'est impossible!

— Oui, au couvent, dit Marguerite en saluant; c'est moi qui ai fait le noviciat, c'est elle qui prendra le voile. La cérémonie funèbre aura lieu sous peu de jours, car Béatrix a écrit à l'archevêque pour le supplier d'abréger l'épreuve.

— Ah! que c'est étonnant! reprit la comédienne, une si belle fille! tant de cœur et de gaieté dans un couvent! Nous irons la voir, n'est-ce pas, Lydia?

— Oui, dit la coryphée. A quelle heure s'exécute cette tragédie?

— A midi, répondit Marguerite.

Quand ces deux filles furent parties, Marguerite se remit au piano; mais de tristes pensées l'avaient saisie, ses mains tombèrent sans force sur les touches encore émues.

Elle alla ouvrir la fenêtre et se promena sur le balcon.

Le ciel accordait au monde une de ces belles journées devenues si rares à Paris, qu'elle y répandait la joie, même dans les cœurs les plus désolés.

Marguerite pensait tour à tour à Maurice, à Béatrix et elle-même.

— Maurice ! s'il était là ?

Elle fit un long rêve d'amour.

— Si j'étais seule avec lui ! s'il m'aimait, et s'il n'aimait que moi, avec quelle légèreté d'oiseau chanteur je courrais sur ce balcon, je me jetterais dans ses bras, j'écouterais battre son cœur ! Hélas ! j'ai pris trop tard la place de Béatrix !... mais le cœur n'a-t-il qu'un printemps ?

XXXI

UNE PRISE DE VOILE AUX CARMÉLITES

Au mois de juillet dernier, l'archevêque de Paris fut appelé au nouveau couvent des Carmélites pour une prise de voile. La petite église était déserte; cependant les cloches avaient sonné joyeusement pour annoncer aux fidèles qu'une fille de Dieu allait mourir pour ce monde.

Dès le matin, deux carmélites se présentèrent à la cellule de celle qui, désormais vouée à Dieu, devait aller le jour même au pied de l'autel offrir sa vie périssable en expiation. La jeune religieuse, sans ouvrir la porte de sa cellule, supplia les deux carmélites de la laisser seule jusqu'au moment solennel.

Les deux carmélites retournèrent un peu plus tard à la cellule. Elles entendirent des sanglots.

— O mon Dieu! s'écriait la jeune fille, je suis bien coupable et bien indigne de votre amour, puisque je ne viens à vous que pour me rapprocher de la tombe où il est.

Une des carmélites frappa à la porte.

La jeune fille était vêtue de blanc et parée de la couronne de mariée.

— Ah! ma sœur, que vous êtes belle!

La plus jeune des carmélites n'avait pu arrêter cette xclamation. La jeune fille détourna la tête en silence.

— Oui, oui, pensa-t-elle tristement, je suis belle encore; mais nul ne me verra, pas même moi.

Elle descendit dans le chœur de la communauté, où s'étaient réunie toutes les religieuses. On s'agenouilla à son arrivée pour rendre grâces à Dieu.

La supérieure lui prit le bras et la conduisit dans l'église, en lui parlant, dans un accent maternel, de toutes les joies sacrées qui allaient lui tomber du ciel comme des bénédictions de Dieu.

La jeune fille ne répondait pas un mot. Ce n'était pas Dieu qu'elle aimait, c'était la mort.

Dès qu'elle fut agenouillée devant la grille, entourée de toutes les religieuses, il se fit un grand bruit dans l'église; l'archevêque, précédé de tout son clergé, s'avançait vers l'autel; les orgues avaient salué joyeusement son entrée. Quelques curieux privilégiés se disputaient les places.

C'était comme un jour de fête. Les carmélites elles-mêmes semblaient réveillées à la vie par cette solennité: les plus courbées par la prière, les plus près du ciel par l'extase, levaient la tête tout enivrées par le bruit et par le mouvement, par l'éclat des cierges et le chant de l'orgue, car on sait que ces pauvres filles n'ont même pas tous les jours les pompes du catholicisme pour soutenir leur ferveur. Elles ne prient Dieu que dans l'ombre et le silence du tombeau.

L'instant suprême était arrivé : deux carmélites prirent la jeune fille et la traînèrent au sacrifice. Elle n'avait plus ni force, ni volonté; elle allait, s'appuyant sur ses compagnes, renversant sa pâle figure, laissant tomber ses bras. Tous les spectateurs étaient émus jusqu'aux larmes comme s'ils pleuraient une belle fille morte dans son avril et dans sa fleur.

Les voix graves des prêtres entonnèrent le *Miserere*. La pauvre fille se laissa coucher sur les dalles. Quand on étendit sur elle le drap mortuaire, elle ne se plaignit pas ; mais quand elle sentit glisser sur son cou le froid des ciseaux qui allaient couper ses cheveux, un cri sourd s'échappa de son cœur.

— Maurice! Maurice! murmura-t-elle.

A cet instant, deux femmes, vêtues avec un peu d'extravagance pour venir à une telle fête, entrèrent bruyamment dans l'église et demandèrent à voix haute où on en était de la cérémonie.

XXXII

LE DERNIER RIVAGE

On a reconnu la comédienne des Variétés et la coryphée de l'Opéra.

— Est-ce commencé? demanda l'une d'elles à une jeune fille agenouillée à l'ombre d'un pilier.

La jeune fille (c'était Marguerite de Parfondval) répondit, sans lever les yeux, que tout allait être fini.

Les deux camarades traversèrent sans façon la nef, renversant les chaises ou déplaçant les fidèles. On eût dit qu'elles se disputaient les places à une première représentation.

— Cette pauvre Béatrix! dit la comédienne en voyant Béatrix couchée sous le drap mortuaire.

Béatrix reconnut cette voix.

— Où suis-je? demanda-t-elle.

Car elle avait la tête à moitié perdue. Tout ce qui s'était passé depuis longtemps lui sembla un songe douloureux. Cette voix qu'elle venait d'entendre lui rappela toutes les charmantes folies de sa jeunesse. En quelques secondes, elle vit passer les joyeuses années où elle avait jeté son cœur à toutes les ivresses. Elle se demanda s'il était possible qu'elle se fût si violemment détachée des pompes du monde.

— Où suis-je? demanda-t-elle encore.

Elle vit apparaître la pâle figure du comte d'Orbessac, si belle jusqu'après la mort.

Mais aussitôt elle repoussa avec un cri de douleur, mais d'une main victorieuse, ce passé palpitant encore qui s'était levé devant elle comme pour la ressaisir dans tous ses enchantements.

— Maintenant, dit-elle en se relevant et en contemplant ses beaux cheveux répandus à ses pieds, — ses beaux cheveux qu'avait tant aimés Maurice, — maintenant je sens que je suis sur le rivage.

XXXIII

LA FIN DU ROMAN

A sœur Béatrix, au couvent des Carmélites.

« Hier, j'étais seule comme toujours, triste comme de coutume. Je pensais à toi. Ne te semble-t-il pas aussi que nous ne ferons qu'une femme à nous deux? N'est-ce pas moi encore qui suis aux Carmélites? N'est-ce pas toi qui habites la rue de Provence? A propos, je n'ai pas quitté ta maison, mais je suis descendue au premier. Vanité des vanités! Aurai-je donc là plus d'air et de soleil? mais au moins on m'a donné ton jardin. C'est ce qui m'attirait le plus dans l'appartement. Et puis il faut bien dire que ma fortune exigeait que je descendisse de quelques étages.

» Hier donc, j'étais seule et triste quand on vint m'annoncer M. Raoul d'Orbessac. Il ne ressemble presque pas à son frère; mais il a un air de famille. Le soleil d'Afrique l'a d'ailleurs singulièrement bruni. Il porte très-fièrement une croix qu'il a gagnée à la dernière campagne; cependant il avoue que son cheval a été pour beaucoup dans son fait d'armes. Je ne sais pourquoi je te dis tout cela, c'est que je ne sais comment arriver à un point plus intéressant.

» Il était triste en m'abordant; il aimait son frère et l'a beaucoup pleuré.

» — Je suis venu à Paris, m'a-t-il dit d'une voix émue, pour saluer sa tombe et pour régler sa succession.

» Il connaissait le testament, il ignorait que tu fusses aux Carmélites. Je lui ai tout raconté.

» — Vous comprenez, lui ai-je dit, qu'au couvent, ma sœur n'a que faire de la fortune que lui a laissée Maurice. Elle vous abandonne tous ses droits.

» Mais, comme c'est un noble cœur, digne de son frère, il a déclaré qu'il fallait respecter les volontés dernières de son meilleur ami, qu'il ne voulait pas une obole qui ne lui fût accordée par le testament.

» — Mademoiselle Béatrix, a-t-il ajouté, a une famille...

» — Je suis toute sa famille, lui ai-je répondu. La uccession de *mon père*, qui vient d'être liquidée, me fait plus riche que je n'espérais.

» La conversation s'engagea plus familièrement; il me parla de lui.

» — Moi aussi, m'a-t-il dit, je me suis retiré du monde, la guerre d'Afrique a été mon couvent des Carmélites; là j'ai dit un adieu éternel à cette folle vie qui a dévoré les plus belles années de ma jeunesse.

» Tout à coup il m'a regardée avec une expression de tendresse mélancolique.

» — Après tout, mademoiselle, il y aurait un moyen bien

simple de nous entendre sur ce testament. Mon frère a légué tout ce qu'il possédait à mademoiselle Béatrix et à moi. Mademoiselle Béatrix, en prenant votre place, vous a tout abandonné. Si je n'arrive pas trop tard, permettez-moi de vous demander votre main.

» Je ne pouvais dire *oui*, je n'ai pas répondu pour ne pas dire *non*. Il est parti plein d'espoir, il doit revenir demain . . . .

» Marguerite de Parfondval. »

A cette lettre, la religieuse qui avait fermé les romans tapageurs pour ouvrir Bossuet et sainte Thérèse répondit en ce style travaillé :

« Vous m'écrivez trop souvent, ma sœur. Pourquoi me parler encore des passions, à moi qui suis sur le rivage? Pourquoi me rouvrir des perspectives sur le monde, à moi qui me suis irrévocablement tournée vers le ciel? Mais qu'ai-je à craindre? Je n'ai laissé là-bas, hormis le vôtre, nul cœur qui m'appelle. Le mien n'entend plus que la parole de Dieu. Je suis arrivée à cet amour ineffable qui remplit toutes les heures. Ce que vous n'avez pu trouver dans la cellule, je l'ai trouvé. Dieu est là près de moi, qui rayonne dans mes yeux, qui tressaille dans mon cœur. Qu'importe que ma cellule soit sombre, mon âme n'a-t-elle pas les cieux pour horizon ?

» Ah! dans les premiers jours de mon voyage vers ces rives inespérées, je croyais à tout instant que j'allais succomber en chemin. J'avais beau aimer mes larmes, adorer ma douleur, je manquais de force, en songeant que peut-être il me faudrait traverser tout un demi-siècle dans la cellule qu'on m'a donnée. Mais peu à peu je me suis aguerrie pour ces combats sacrés. Pour les huit jours de joie adorable que j'ai eus avec Maurice, je voudrais sacrifier huit fois ma vie.

» Épousez M. Raoul d'Orbessac, ma sœur; soyez heureuse, je n'envierai pas votre bonheur, car je ne donnerais pas les espérances de ma sombre et glaciale solitude pour toutes les vanités de la terre. Je rends grâces à Dieu, qui, en me donnant une âme, l'a mise dans mon cœur et non dans ma tête : au moins, j'aurai passé ma vie à aimer. En disant adieu aux joies de la terre, j'ai aimé les visions du ciel!

» Adieu! je vais prier pour ceux qui ne sont plus, pour ma mère et pour Pierre Marbault. Dieu, sans doute, s'est arrêté dans son châtiment. Il t'accordera des filles et ne les privera point de leur mère.

» Je n'ose plus prier pour Maurice; dans mes prières pour lui, je me sentais saisie, comme autrefois Louise de La Vallière, par je ne sais quelle secousse de volupté qui me ramenait subitement aux joies amères de ce monde. Maurice a été la chaîne invisible qui a conduit mon pauvre cœur à travers les nuages jusqu'aux pieds de Dieu. J'ai eu le courage de briser la chaîne...

» Mais pourquoi chercher à m'aveugler ainsi? La pécheresse n'est pas morte en moi; la fille d'Ève se réveille toujours, tu le sais bien. Même dans le tombeau du cloître, ce que j'aime là-haut, n'est-ce pas Maurice?

» Sœur BÉATRIX. »

XXXIV

LES FILLES D'ÈVE

Marguerite épousa Raoul d'Orbessac, qui fut tué à Sébastopol six semaines après le mariage. Elle fut heureuse un jour pour pleurer toute sa vie.

J'ai connu Maurice d'Orbessac et Béatrix, mais c'est Marguerite qui m'a dit toute cette histoire.

Quand je la contai dans un journal, il y a longtemps déjà, sous le titre des *Trois Sœurs*, Marguerite me dit que le vrai titre était : *les Filles d'Ève*, puisqu'elles avaient porté sa sœur et elle, la peine du péché de leur mère.

FIN.

TABLE

Prologue. — Les crimes de l'amour........ ..	1
I. Un pari aux Champs-Élysées.................	31
II. Le couvent des Carmélites....................	44
III. La comédienne	55
IV. Les jeux de la destinée	70
V. Le testament........................	79
VI. Le comte de Parfondval.....................	84
VII. Les larmes de crocodile...............	88
VIII. Les yeux verts	91
IX. La fin du voyage en calèche	99
X. Le rôle d'ingénue	101
XI. Histoire de Béatrix......................	106
XII. Les métamorphoses de l'amour.........	111
XIII. L'amour de l'or	117
XIV. Une matinée chez Béatrix....................	129
XV. Une larme de Marguerite....................	136
XVI. La comédienne et la carmélite	140
XVII. L'amour filial	151
XVIII. Le prince de Waldesthal...................	163
XIX. Un roi	170

XX.	Dalila et Madeleine............................	177
XXI.	Histoire de Marguerite.......................	188
XXII.	L'apparition	205
XXIII.	Histoire de madame de Fargiel..............	216
XXIV.	La lettre d'Amélie	229
XXV.	Le dernier mot de la lettre	240
XXVI.	Béatrix	248
XXVII.	Marguerite...................................	253
XXVIII.	Madame de Fargiel.......................	254
XXIX.	Les trois sœurs	256
XXX.	Menus propos de comédiennes	260
XXXI.	Une prise de voile aux Carmélites........	264
XXXII.	Le dernier rivage	267
XXXIII.	La fin du roman............................	269
XXXIV.	Les filles d'Ève............................	273

FIN DE LA TABLE.

COULOMMIERS. — Typogr. ALBERT PONSOT et P. BRODARD.

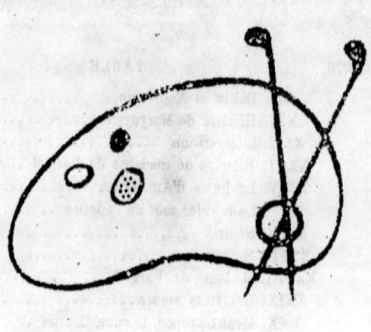

Début d'une série de documents en couleur

SAINT-RAPHAËL

S'il fallait citer tous les éminents praticiens qui ont préconisé l'usage du vin tannique de Saint-Raphaël, nous aurions à nommer toutes les illustrations médicales de France. L'autorité naturelle en ces matières, c'est évidemment celle du professeur d'hygiène à la Faculté de médecine de Paris. Voici en quels termes s'exprime ce savant académicien :

« Depuis plus de trente ans, le vin tannique de Bagnols-
» Saint-Raphaël est prescrit exclusivement comme tonique
» et reconstituant aux malades, aux convalescents admis
» dans les hospices de la ville de Paris.

» Il est employé dans les formes les plus variées de l'ané-
» mie, la chlorose, les anémies de la goutte chronique, de
» l'alimentation mal réglée, de la grossesse, de la vieillesse,
» des fièvres hectiques qui minent sourdement l'écono-
» mie, etc., etc.; il est surtout efficace pour relever les
» forces abattues par la maladie et par les digestions labo-
» rieuses et difficiles. A ces points de vue, aucun cordial
» ne doit être placé au-dessus de ce vin tannique et corro-
» borant.

» Tous les médecins des hôpitaux, parmi lesquels je
» citerai mes maîtres et mes amis, Chomel, Rostan, Requin,
» Grisolle, Trousseau, etc., prescrivaient journellement
» ce vin, et en obtenaient les meilleurs résultats. » (*Bouchardat, professeur à la Faculté de médecine; formulaire magistral*, 19ᵉ Édition, page 179.)

T. S. V. P.

L'usage du vin de Saint-Raphaël détermine l'équilibre des fonctions, et, par cela même, peut prolonger l'existence au-delà des limites ordinaires.

C'est que la nature a des moyens de préparation et des secrets auxquels ne saurait atteindre la chimie et qui fournissent à l'art de guérir, des agents bien plus efficaces que ceux de l'alambic et du creuset. Or, entre les vins de quinquina sortant du laboratoire, et le vin tannique de Saint-Raphaël qu'on peut appeler un vin de quinquina naturel, il existera la même différence qu'entre un vin fabriqué et un vin naturel.

Le vin de Saint-Raphaël l'emporte sur le vin de quinquina par sa saveur agréable. Pour les malades et les gourmets, il n'est pas de vin de dessert qui puisse lui être préféré.

C'est en terminant chaque repas qu'on prend un demi-verre à Bordeaux de ce vin corroborant. Dans les pays froids ou brumeux, cette même dose, prise le matin à jeun, préviendra les nombreuses indispositions qui sont le cortége ordinaire de l'hiver.

Le Vin de Saint-Raphaël est un Vin fortifiant, digestif. C'est un tonique reconstituant d'un goût excellent. Plus efficace pour les personnes affaiblies, que les ferrugineux, les quinas. Il est prescrit dans les fatigues d'estomac, la chlorose, l'anémie, les convalescences, etc., etc.

Renseignements : Détail : toutes les pharmacies, 3 fr. la bouteille.

Gros : Expédition franco en gare destinataire, par caisse de 7 bouteilles, 20 fr.; 12 bouteilles, 35 fr.; 25 bouteilles, 70 fr.

Il suffit d'adresser un mandat sur la poste ou des billets de banque A LA COMPAGNIE DU VIN DE SAINT-RAPHAËL A VALENCE (DRÔME).

EAUX MINÉRALES DE VALS

Les **Eaux de Vals** doivent à leur basse température et à leur richesse en acide carbonique, de posséder une stabilité qui leur permet de subir les transports les plus longs, sans éprouver la moindre altération. L'expérience de chaque jour, et mille fois répétée, démontre que ces Eaux sont aussi efficaces à cent lieues de distance qu'à leur point d'émergence.

SAINT-JEAN

Cette source est fort agréable au goût. Sa faible minéralisation et les proportions heureuses qui la distinguent en font une Eau qui rend des services réels dans les affections des voies digestives (pesanteur d'estomac, inappétence, gastralgie, dyspepsie, vomituration), dans les flatuosités abdominales, les métrites chroniques, etc. C'est la moins excitante de toutes les sources de Vals, et celle qui convient le mieux aux personnes délicates, nerveuses ou prédisposées aux congestions et aux hémorrhagies.

PRÉCIEUSE

Cette Eau, d'une minéralisation plus forte que la précédente, est la plus gazeuse des sources de Vals. Son usage est d'un effet puissant dans les dyspepsies, gastralgies, maladies de l'appareil biliaire (engorgement du foie et de la rate, obstructions viscérales, calculs épatiques, jaunisse, etc.)

DÉSIRÉE

La source *Désirée* est la plus riche en magnésie; elle est souveraine contre les maladies des reins, et les dyspepsies acides. Elle détruit les dispositions à la constipation, et possède de véritables propriétés dans les affections biliaires, les coliques néphrétiques, diabète, sciatique, albuminurie.

T. S. V. P.

RIGOLETTE

La notable proportion de fer que contient cette Eau la fait considérer, par le corps médical, comme la source alcaline gazeuse la plus utile dans l'appauvrissement alcalin et ferrugineux du sang et des humeurs (chloro-anémie ou pâles couleurs, hystérie, lymphatisme, marasme, fièvres consomptives, etc.), débilité, épuisement des forces.

LA MAGDELEINE

C'est la plus minéralisée des sources sodiques connues en France. L'usage de cette eau est particulièrement favorable dans les maladies du tube intestinal : gastralgie, gastrite chronique, et dans les affections du système nerveux : diabète, albuminurie.

Cette eau, fortifiante et sédative, est éminemment bienfaisante dans les affections de la goutte et du rhumatisme.

DOMINIQUE

Cette source n'a aucune analogie avec les précédentes. Sa composition est unique en Europe. Elle est arsénicale, ferrugineuse et sulfurique. On l'emploie avec succès pour combattre les fièvres intermittentes, les cachexies, les maladies de la peau, la dyspnée, l'asthme, le catarrhe pulmonaire, et surtout dans la chlorose, l'anémie, l'épuisement des forces, la débilité.

Les Eaux des six sources de Vals se transportent sans subir la plus légère altération ; or, quand une eau minérale peut être conservée longtemps sans altération, et malgré les transports les plus lointains, on est en droit, à quelle distance des sources qu'on la prenne, d'en attendre d'aussi bons effets qu'à la station thermale même.

Le chiffre d'expédition dans l'intérieur de la France dépasse deux millions de bouteilles.

Les Eaux de ces sources sont *très-agréables à boire pures et surtout à table avec le vin*. La dose ordinaire est d'une bouteille par jour.

Les emballages sont de 24 et 50 bouteilles, au prix de 45 et 30 francs, à Vals.

Pour les demandes d'expéditions, il suffit de s'adresser à la Société Générale des Eaux, a Vals (*Ardèche*). Très-important de mettre correctement l'adresse.

SOCIÉTÉ ANONYME
DES
ORGUES D'ALEXANDRE
PÈRE ET FILS

Capital : **1,500,000** Francs

106, RUE RICHELIEU, 106

ORGUES POUR SALONS, ÉGLISES, CHAPELLES, ETC.

Depuis **75** fr. jusqu'à **4,000** fr.

ORGUES DE LUXE

| ORGUES A PERCUSSION | ORGUES TRANSPOSITEURS |
| POUR SALONS | POUR CHAPELLES |

Nouveau modèle de Chœur, 4 octaves, **75** francs

106, RUE RICHELIEU, PARIS

— ENVOI FRANCO DE CATALOGUES —

PARIS

Indications gratuites d'Appartements Meublés et non Meublés

A LOUER

JOHN ARTHUR & CIE

Agents des Ambassades d'Angleterre et d'Amérique

BANQUE ET CHANGE
10, Rue Castiglione, 10
PARIS
Maison fondée depuis 50 Années

BANQUE ET CHANGE

Escompte et Encaissement de toutes valeurs pour l'Angleterre et le Continent.
Remise de Lettres de Crédit.
Comptes-Courants avec intérêts sur dépôts.
Vente et Achat de fonds publics et valeurs industrielles.
Change de monnaies.
Achat d'or et d'argent.

VENTE ET ACHAT DE PROPRIÉTÉS

Bureaux spéciaux pour la Vente et l'Achat de propriétés dans Paris et toute la France.

COMMISSION ET TRANSIT

Toutes espèces de marchandises, Meubles, Objets d'art, Bronzes, etc., achetés au prix du gros, avec économie à l'acheteur de 20 à 30 p. 0/0.
Réception et expédition de Marchandises pour tous pays. — Magasinage.

AGENCE DE LOCATIONS

Appartements meublés et non meublés, Maisons de campagne, Chasses, etc., à louer.

VINS FRANÇAIS ET ÉTRANGERS

Grand assortiment de premiers crûs de Bordeaux, de Xérès, Madère, Porto et Vins de Sicile.
Bières Anglaises.
Liqueurs.
Vins du Rhin, etc.

24ᵉ ANNÉE

L'INDUSTRIE

Journal des Chemins de Fer

DU CRÉDIT FONCIER DE FRANCE

ET DE TOUS LES GRANDS INTÉRÊTS DU PAYS

PARAISSANT TOUS LES DIMANCHES

(16 pages in-4°)

Études de toutes les grandes questions financières à l'ordre du jour; — Revue politique et financière de la semaine ; — Appréciations des valeurs; — Marché en Banque ; — Correspondances financières des divers marchés d'Europe; — Bilans de la Banque de France et des Sociétés de crédit; — Comptes rendus des assemblées d'actionnaires; — Rapports officiels des Compagnies; — Avis et Annonces des Compagnies; — Tableaux des cours; — Recettes des chemins de fer ; — Listes officielles des tirages.

Charles ROPIQUET, Rédacteur en Chef

Vente et achat de toutes valeurs, au comptant et à terme, sans commission autre que le courtage de l'agent de change. Reports. Payement de coupons, Renseignements aux abonnés, soit verbalement, soit par correspondance.

ABONNEMENTS :

Paris.	Un an.	10 fr.	Six mois.	6 fr.
Départements. .	—	12 »	—	7 »
Étranger. . . .	—	16 »	—	9 »

Envoyer mandat-poste, coupons échus ou effet à vue sur Paris à l'ordre du Rédacteur en Chef.

Bureaux : 62, rue Neuve-des-Petits-Champs, à Paris

EXPOSITION INTERNATIONALE
Palais de l'Industrie

PARIS — MÉDAILLE D'OR
1875 — MÉDAILLE D'OR

ÉLIXIR ET POUDRE
DENTIFRICES
DU Dr JOHN EVANS

Entrepôt général ; rue d'Enghien, 11, à Paris

La multiplicité des eaux et des poudres que la Parfumerie fabrique aujourd'hui rend très difficile la bonne appréciation des produits dentaires. Cependant rien n'est plus important ni plus délicat que l'emploi de ces deux préparations qui, selon qu'elles ont été l'objet de soins préalables, peuvent donner aux gencives la fermeté, aux dents l'éclat, à la bouche la fraîcheur, ou tout au contraire compromettre la solidité et l'émail des dents.

L'éloge n'est plus à faire de la **Poudre** et de l'**Élixir** du Docteur JOHN EVANS pour les personnes qui en ont fait usage.

L'**Élixir** parfume l'haleine, fortifie les gencives et leur rend aussi leur teinte naturelle rosée.

Point très-important : — Les affections les plus délicates de la bouche résultant de l'emploi de médicaments violents, sont neutralisées par l'usage quotidien de cet **Élixir**.

La **Poudre** a pour mission spéciale de prévenir le mal, ce qui vaut mieux que d'avoir à le guérir.

Toute carie des dents a deux causes : l'acidité et l'impureté. Elles sont annihilées par l'emploi journalier de l'**Élixir** et de la **Poudre**, qui sont à la fois anti-acides, purifiants et tonifiants.

Ces produits ressortent plus de la science médicale que de la parfumerie, quoique d'un parfum très-agréable. D'ailleurs les deux groupes de l'Exposition Parisienne (1875), Hygiène et Parfumerie, leur ont décerné la MÉDAILLE D'OR.

Prix : – Élixir 5 fr. – Poudre 5 fr. – 50 fr la douz^{ne}.

Envoi d'essai, **FRANCO**, contre mandat poste.

SOCIÉTÉ POUR L'EXPLOITATION
DES
PRODUITS A L'EAU DE MER
PURIFIÉE ET CONSERVÉE
Par les procédés du Dr LISLE
BREVETÉS S. G. D. G.

SIÈGE SOCIAL
37, rue Vivienne, 37

DEUX MÉDAILLES D'ARGENT
A L'EXPOSITION INTERNATIONALE DE 1875

PRODUITS ALIMENTAIRES

PAINS DE TOUTES FORMES — GALETTES SALÉES — CROISSANTS — BISCUITS AU MAÏS
ANISETTE — CRÈME DE MENTHE — CURAÇAO
PASTILLES A L'EAU DE MER

PRODUITS PHARMACEUTIQUES

SIROP THALASSIQUE — ÉLIXIR THALASSIQUE

Tous les produits indiqués ci-dessus ont une saveur excellente
DÉPÔT GÉNÉRAL DES PRODUITS PHARMACEUTIQUES
PHARMACIE A. CABANÈS
23, RUE TAITBOUT, 23
ET DANS TOUTES LES BONNES PHARMACIES

Le **Pain à l'eau de mer** réunit toutes les propriétés d'un excellent aliment. Il est plus savoureux que le pain ordinaire; il réveille l'appétit, facilite la digestion et active fortement toutes les fonctions de nutrition.

A tous ces titres il doit remplacer, un jour, le pain ordinaire dans l'alimentation de tout le monde.

Mais il est de plus un préservatif contre l'invasion de beaucoup de maladies, chez les enfants surtout, dont il transforme et fortifie la constitution; car il est l'agent le plus sûr de la reconstitution du sang lorsque ce liquide est appauvri.

Enfin il est encore l'un des adjuvants les plus utiles dans le traitement de ces mêmes maladies lorsqu'on a le malheur d'en être atteint, et, *dans beaucoup de cas que les médecins seuls doivent apprécier*, il pourra remplacer avantageusement tout autre traitement.

Ce qui précède est également vrai de tous les autres produits alimentaires qui peuvent être remplacés les uns par les autres, selon le goût de chacun.

N. B. — Pour plus amples renseignements lire le volume publié par le docteur Lisle, sous le titre : **Du pain à l'eau de mer et de son utilité hygiénique**. — Paris, 1876; prix : **3** francs, chez M. Michel LÉVY Frères, rue Auber, 3, et M. G. MASSON, place de l'Ecole-de-Médecine, 17, et enfin chez l'auteur, rue Vivienne, 37.

— 10 —

FABRIQUE GÉNÉRALE FRANÇAISE
DE
MACHINES ET INSTRUMENTS D'AGRICULTURE
PELTIER Jne ✲
10, Rue Fontaine-au-Roi, 10, Paris
Exposition et Concours
4 Prix d'honneur et **560** Médailles

CHARRUES, HERSES, ROULEAUX	BATTEUSES, TRIEURS
EXTIRPATEURS	MANÈGES et MACHINES à VAPEUR
SCARIFICATEURS, SEMOIRS	HACHE-PAILLE, CONCASSEURS
HOUES, FAUCHEUSES	COUPE-RACINES, LAVEURS
MOISSONNEUSES, FANEUSES	ÉGRENOIRS A MAIS, RAPES
RATEAUX, ETC.	MOULINS A FARINES
JARDINAGE	AUGES ET RATELIERS
CULTURE DE LA VIGNE	SCIES CIRCULAIRES ET A RUBAN

POMPES de toutes sortes et pour tous usages
Installation de **FERMES** et d'**USINES**. — **Machines sur plans**
ÉTABLISSEMENT DE
DISTILLERIES & FÉCULERIES
Outils spéciaux pour CULTURE ÉTRANGÈRE : Cafés, Riz, Cannes à sucre, etc.

Médaille de Mérite à l'Exposition de Vienne 1873

EAU ET POUDRES DENTIFRICES
DU
Docteur PIERRE
De la Faculté de Médecine de Paris
Paris — 8, place de l'Opéra, 8 — Paris

EXIGER LA MARQUE DE FABRIQUE

MARQUE DE FABRIQUE   MARQUE DE FABRIQUE

DÉPOTS
A Londres — Bruxelles — Hambourg — Saint-Pétersbourg
Moscou — Bucharest

Eau minérale naturelle
D'AULUS (ARIÉGE)
Souveraine pour la goutte, la gravelle et les maux de reins
MÉDAILLE D'OR UNIQUE, PARIS 1875.

Dépurative. — Seule de toutes les eaux minérales naturelles, elle possède, à un haut degré, une vertu dépurative des plus remarquables. Elle agit sur le sang, qu'elle purifie et régénère ; elle détruit les rougeurs, les boutons, les furoncles, les dartres, les éruptions invétérées, qui sont la conséquence d'une viciation du sang, tenant à des causes constitutionnelles ou autres.

S'adresser :
- A AULUS (Ariége), à l'Administration générale des Eaux ;
- A **Paris** : Au Dépôt central, 18, rue Saint-Martin ;
- A l'Agence des Eaux d'Aulus, 6, boulevard Magenta.

VIN DE BAUDON
ANTIMONIO-PHOSPHATÉ

Pharmacie rue des Francs-Bourgeois, 11, Paris.

tonique, reconstituant, supérieur à l'huile de foie de morue ; combat la faiblesse de constitution, le lymphatisme, les glandes chez les enfants ; les catarrhes, les bronchites, les maladies de poitrine chez les adultes.

Utile pendant la grossesse et l'allaitement

L'UNIVERS ILLUSTRÉ

Le plus grand des Journaux illustrés

ON S'ABONNE

| CHEZ CALMANN LÉVY, ÉDITEUR | A LA LIBRAIRIE NOUVELLE |
| RUE AUBER, 3 | BOULEVARD DES ITALIENS, 15 |

Et chez tous les Libraires de la France et de l'Étranger

PRIX DE L'ABONNEMENT

Un an (avec prime gratuite, | Six mois. . . . 11 fr. 50
pris au bureau). 22 fr. | Trois mois. . . 6 fr. »

LE NUMÉRO : 40 CENTIMES

Un numéro du journal, contenant le détail des nouvelles primes offertes gratuitement aux abonnés, sera envoyé franco à toute personne qui en fera la demande par lettre affranchie.

VÉRITABLES
PILULES DE BLANCARD
A L'IODURE DE FER INALTÉRABLE

On trouve dans le commerce de fausses **Pilules de Blancard** qui, d'après l'analyse faite par un Chimiste distingué, M. Personne, sont bien loin de contenir la dose réglementaire de leur principe actif : l'Iodure de fer.

Comme preuve d'authenticité des **véritables Pilules de Blancard**, approuvées par l'Académie de Médecine de Paris et par la haute Commission médicale chargée de rédiger notre nouveau Formulaire officiel, le Codex, exiger notre signature ci-dessous, apposée au bas d'une étiquette verte :

PHARMACIEN,
rue Bonaparte, 40
À PARIS

N. B. — Ces Pilules s'emploient surtout contre **la faiblesse de constitution**, pour rendre au sang sa richesse, son abondance naturelles, et pour en régulariser le cours périodique, etc., etc.

SE DÉFIER DES CONTREFAÇONS

PRODUITS SPÉCIAUX
DE LA
MAISON FUMOUZE - ALBESPEYRES
FOURNISSEUR DES HOPITAUX MILITAIRES
PARIS, 78 & 80, faubourg Saint-Denis, PARIS

PAPIER ÉPISPASTIQUE D'ALBESPEYRES — *admis dans les hôpitaux militaires sur l'avis du Conseil de santé* — recommandé depuis 60 ans par les sommités médicales.

PAPIER ET CIGARES ANTI-ASTHMATIQUES DE Bon BARRAL. Ces préparations sont journellement employées dans le traitement de l'ASTHME, de la BRONCHITE et du CATARRHE pulmonaire. — Elles guérissent l'OPPRESSION qui constitue l'un des symptômes dominants des maladies de poitrine.
Envoi FRANCO contre 3 fr. en timbres-poste.

CATAPLASMES-COMPRESSES JOUANIQUE. *Simples, à l'amidon, au quinquina, à l'arnica.* Préparés avec une substance INALTÉRABLE jouissant de toutes les propriétés de la farine de graine de lin sans en présenter les inconvénients. Ils s'appliquent très-facilement et leur légèreté permet de les employer dans tous les cas où le poids du cataplasme est difficilement supporté par les malades.
Envoi FRANCO contre 2 fr. en timbres-poste.

DUPONT
PARIS, RUE SERPENTE, 18, PRÈS DE L'ÉCOLE-DE-MÉDECINE
Diplôme d'Honneur à l'Exposition internationale de 1875

LITS ET FAUTEUILS MÉCANIQUES
POUR MALADES ET BLESSÉS

Appareil s'adaptant à tous les lits.

Automoteur avec porte-pieds à 2 articulations.

A manivelles.

VENTE
ET
LOCATION

TRANSPORT
DE
MALADES

Portoirs de différents modèles.

Roues à main courante.

DÉPOT, VENTE, EXPÉDITION
77, rue Saint-Lazare, 77

Dégustation à 25 centimes.
QUALITÉ SANS RIVALE

Cette liqueur est précieuse à tous les âges. — L'enfance y trouvera le développement de son intelligence et la régularisation de la croissance. — La jeunesse, la conservation de la beauté, de la grâce et de la souplesse, ces dons précieux de la nature, si fugitifs jusqu'ici; l'âge mûr, un préservatif certain contre *dispepsie, rhumatismes, goutte, gravelle, diabète, attaques d'apoplexie, etc.*, maladies perfides, toujours cachées sous l'oreiller de l'homme en apparence le mieux portant; enfin la vieillesse, presque toujours anticipée, une régénération précieuse.

Quant à ceux qui souffriraient déjà de ces cruelles maladies, nous les engageons à s'adresser au Docteur **BARDENET**, rue de Rivoli, 106.

Sa nouvelle médication lui donne journellement les plus heureux résultats.

L'exécution de ses ordonnances est confiée à **M. SALMON**, pharmacien, rue Saint-Lazare, 70.

Ont été décernés aux Expositions de 1872-73-74, à

CRESPIN Aîné

DE VIDOUVILLE (MANCHE)

DEMEURANT A PARIS, 11, 13 ET 15, BOULEVARD ORNANO

1° POUR SON GENRE DE

VENTE A CRÉDIT

RECONNU CRÉATION UTILE

2° Pour la bonne qualité de ses marchandises et la modicité des prix de tout ce qui concerne **Ménage, Toilette, Machines à coudre** de tous systèmes, **Horlogerie, Bijouterie, Bronze, Nouveautés, Confections, Chapellerie, Chaussures**, etc., etc.

On a **300** Magasins à choisir, on achète avec des Bons sans se faire connaître.

Premier Établissement de son genre, fondé en 1856

SUCCURSALE A VERSAILLES, 20, RUE DE LA PAROISSE

Pour traiter, venir ou envoyer une lettre affranchie, boulevard Ornano, 11, 13 et 15. — Un employé passera le jour indiqué. — Envoi de la brochure explicative. — En province, on ne traite qu'au comptant, sauf la MACHINE A COUDRE, que l'on y expédie à moitié payement.

La Machine à coudre **la Fidèle** est construite par les soins de la Maison CRESPIN aîné, qui, seule, en a la propriété. Cette Machine se recommande par sa supériorité et son bon marché. Le pied de biche monte et descend à volonté, ce qui permet de faire avec cette Machine les travaux les plus fins et les plus gros.

Toutes les Machines sont vérifiées et réglées par un 1er maître mécanicien de marine de 1re classe.

PHARMACIES DE FAMILLE
POUR LA VILLE ET POUR LA CAMPAGNE

A l'usage des Châteaux, Villas, Usines, Chantiers, Mairies, Presbytères, Pensions, Officiers de terre et de mer, etc.

MÉDAILLES		MÉDAILLES
DE BRONZE		DE BRONZE
D'ARGENT		D'ARGENT
DE VERMEIL		DE VERMEIL

MODÈLE DE 40 FRANCS

DIMENSIONS : Longueur, 0m,22 ; — Largeur, 0m,19 ; — Hauteur, 0m,15.

COMPOSITION :

Teinture d'arnica.	Camphre en poudre.	S. N. de bismuth.
Eau de mélisse des Carmes.	Magnésie calcinée.	Sparadrap.
Éther rectifié.	Laudanum de Sydenham.	Bandes en toile.
Extrait de Saturne.	Chloroforme dentaire.	Taffetas d'Angleterre.
Ammoniaque.	Cartouche-pansement.	Baudruche gommée.
Alcool camphré.	Pilules écossaises.	Pierre infernale.
Eau sédative.	Pilules de sulfate de quinine.	Ciseaux.
Acide phénique.	Grumeaux d'aloès.	Lancette.
Baume du Commandeur.	Pastilles de calomel.	Pince à pansements.
Glycérine.	Calomel.	Fil, aiguilles, épingles.
Vinaigre anglais.	Ipécacuanha.	
Alun en poudre.	Rhubarbe en poudre.	

Trois autres modèles à 25, 60 et 80 francs

NOTA. — La capacité des flacons est de 30, 45 et 60 grammes.

PRIX NETS. — ENVOIS FRANCO.

Un Petit Manuel de Médecine domestique est joint à chaque envoi et adressé GRATUITEMENT et FRANCO aux personnes qui en font la demande.

AMBULANCE-GUETTROT
MODÈLE SPÉCIAL (100 FRANCS)
POUR L'INDUSTRIE ET LES GRANDES EXPLOITATIONS

PHARMACIE NORMALE
PARIS — rue Drouot, 15 — PARIS

CALMANN LÉVY, Éditeur, rue Auber, 3
ET A LA LIBRAIRIE NOUVELLE, 15, BOULEVARD DES ITALIENS

ÉDITION DÉFINITIVE

ŒUVRES COMPLÈTES
DE
H. DE BALZAC

Avec un beau portrait sur acier par GUSTAVE LÉVY

ENVIRON 25 VOLUMES IN-8 CAVALIER

EN VENTE

SCÈNES DE LA VIE PRIVÉE. 4 vol. 30 »	THÉATRE COMPLET. 1 volume... 7 50
SCÈNES DE LA VIE DE PROVINCE.	CONTES DROLATIQUES. 1 volume. 7 50
3 volumes............ 22 50	CONTES ET NOUVELLES. — ESSAIS
SCÈNES DE LA VIE PARISIENNE.—	ANALYTIQUES. 1 volume.... 7 50
4 volumes............. 30 »	PHYS. ET ESQUISSES PARISIENNES.
SCÈNES DE LA VIE MILITAIRE. 1 v. 7 50	1 volume............. 7 50
SCÈNES DE LA VIE POLITIQUE. —	PORTRAITS ET CRITIQUE LITTÉ-
1 volume............ 7 50	RAIRE.—POLÉMIQUE JUDICIAIRE.
SCÈNES DE LA VIE DE CAMPAGNE.	1 volume............. 7 50
1 volume............ 7 50	ÉTUDES HISTORIQUES ET POLITI-
ÉTUDES PHILOSOPHIQUES. 3 vol. 22 50	QUES. 1 volume......... 7 50

Il a été tiré, pour les bibliothèques et les amateurs, 200 exemplaires *numérotés* sur beau papier de Hollande, portant dans son filigrane la marque distinctive de l'édition.

Prix de chaque volume sur papier de Hollande : 20 fr.

Avec le dernier volume, les souscripteurs recevront le portrait de Balzac et le fac-simile de son écriture, tiré sur papier de Chine avant la lettre.

ŒUVRES
DE
J. MICHELET

GUERRES DE RELIGION. 3ᵉ édition.	HIST. DU XIXᵉ SIÈCLE. — ORIGINE
1 volume in-8°......... 5 »	DES BONAPARTE. 1 volume in-8°. 6 »
HENRI IV ET RICHELIEU. 2ᵉ édi-	PRÉCIS DE L'HIST. MODERNE. 1 vo-
tion. 1 volume in-8°...... 6 »	lume in-8°............ 5 »
RICHELIEU ET LA FRONDE. 2ᵉ édi-	L'AMOUR. 8ᵉ édit. 1 vol. gr. in-18. 3 50
tion. 1 volume in-8°...... 6 »	BIBLE DE L'HUMANITÉ. 2ᵉ édit. 1 vo-
LOUIS XIV ET LA RÉVOCATION DE	lume gr. in-18......... 3 50
L'ÉDIT DE NANTES. 3ᵉ édition.	LA FEMME. 8ᵉ édition. 1 volume
1 volume in-8°......... 6 »	gr. in-18............. 3 50
LOUIS XV (1724-1757). 1 volume	LES FEMMES DE LA RÉVOLUTION.
in-8°................ 6 »	1 volume gr. in-18....... 3 50

CLIN & C⁽ᵉ⁾
PARIS — 14, rue Racine — PARIS

PRODUITS RECOMMANDÉS

DRAGÉES
Du Docteur Rabuteau
Lauréat de l'Institut de France

Les expérimentations faites dans les Hôpitaux de Paris ont démontré que les **Dragées de Rabuteau** sont supérieures aux autres ferrugineux, dans l'*Appauvrissement* du sang, la *Chlorose*, l'*Anémie*, la *Débilité*, la *Convalescence*, l'*Épuisement*, pour fortifier les tempéraments faibles, et chaque fois qu'il est nécessaire d'augmenter le *nombre de Globules rouges du sang*.

Les **Dragées Rabuteau** ne donnent pas de constipation, et sont supportées par les personnes les plus délicates. La dose est de 2 Dragées, matin et soir, au moment des repas.

Prix : 3 fr. le Flacon. (Envoi franco contre timbres-poste.)

Elixir Rabuteau pour les personnes qui ne peuvent avaler les Dragées.
Sirop Rabuteau destiné spécialement aux enfants.

CAPSULES & DRAGÉES
Au Bromure de Camphre
Du Docteur Clin
LAURÉAT DE LA FACULTÉ DE PARIS. — PRIX MONTHYON.

Les **Capsules** et les **Dragées** du D⁽ʳ⁾ **Clin** sont employées avec le plus grand succès dans les affections nerveuses en général, et surtout dans les maladies suivantes : Asthme, Affections du cœur et des Voies respiratoires, Toux nerveuse, Spasmes, Coqueluche, Insomnie, Épilepsie, Palpitations nerveuses, Danse de Saint-Guy, Paralysie agitante, Tic nerveux, Névroses en général, Troubles nerveux causés par des études excessives, Maladies Cérébrales ou Mentales, Delirium Tremens, Convulsions, Vertiges, Étourdissements, Hallucinations, et dans les Excitations de toute nature.

En résumé, les **Capsules** et les **Dragées** du D⁽ʳ⁾ **Clin** sont recommandées toutes les fois que l'on veut exercer une action sédative et calmante sur tout le système nerveux.

Prix du Flacon de Capsules du D⁽ʳ⁾ Clin : 5 francs.
Dragées du D⁽ʳ⁾ Clin : 5 —

NÉVRALGIES. Les Pilules du D⁽ʳ⁾ **Moussette** calment et guérissent les névralgies les plus rebelles, même celles ayant résisté aux autres traitements.

Prix : 3 francs. (Envoi franco contre timbres-poste.)

MAL DE DENTS. Les Gouttes Japonaises de **Mathey-Caylus** calment à l'instant le Mal de Dents le plus violent, et en empêchent le retour en détruisant la carie.

Prix : 2 fr. 50 c. (Envoi franco contre timbres-poste.)

DÉTAIL : 10, CARREFOUR DE L'ODÉON ET LES PHARMACIES.

MACHINES A COUDRE
VÉRITABLES "SINGER"
De New-York

LES SEULES NE SE DÉRANGEANT JAMAIS
RECONNUES LES MEILLEURES POUR FAMILLES & ATELIERS

AGRANDISSEMENT DES USINES
PRODUISANT ACTUELLEMENT 30 000 MACHINES PAR MOIS

RÉDUCTION DE PRIX

Remise au comptant 10 p. 100 — **PRIX 175 FR.** — Apprentissage gratuit à domicile

(AVEC GUIDES ET ACCESSOIRES)

Payable 3 francs par semaine
SANS AUGMENTATION DE PRIX

Exiger le nom "SINGER" dans la marque de fabrique

Toute machine ne portant pas la marque ci-contre est contrefaçon

Seule maison à PARIS, 94, Boulevard Sébastopol.

MAISONS SUCCURSALES :

LYON. 58, rue de l'Hôtel-de-Ville. — MARSEILLE, 39, rue Paradis. — LILLE, 9, rue Nationale. — BORDEAUX, 99, rue Sainte-Catherine. — ROUEN, 23, rue de la Grosse-Horloge. — BESANÇON, 73, Grande-Rue. — LIMOGES, 9, rue Saint-Martial.

Dépôts dans toutes les villes de France.
Prospectus et Renseignements envoyés franco *sur demande.*

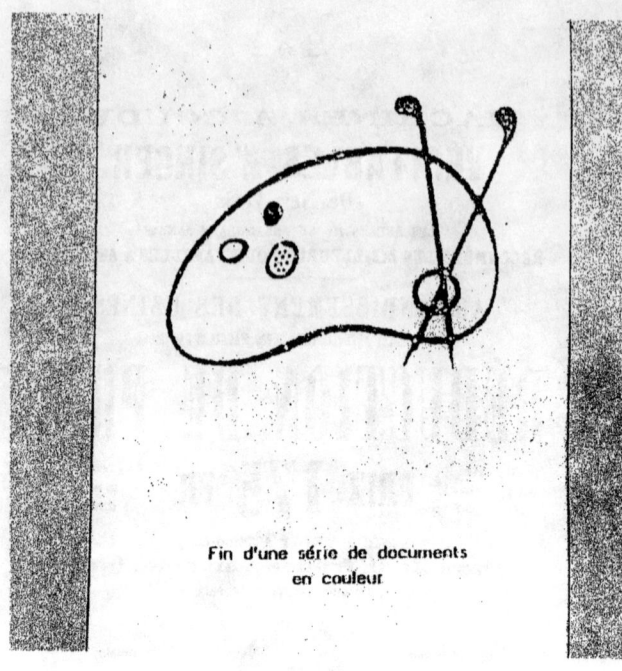

Fin d'une série de documents en couleur

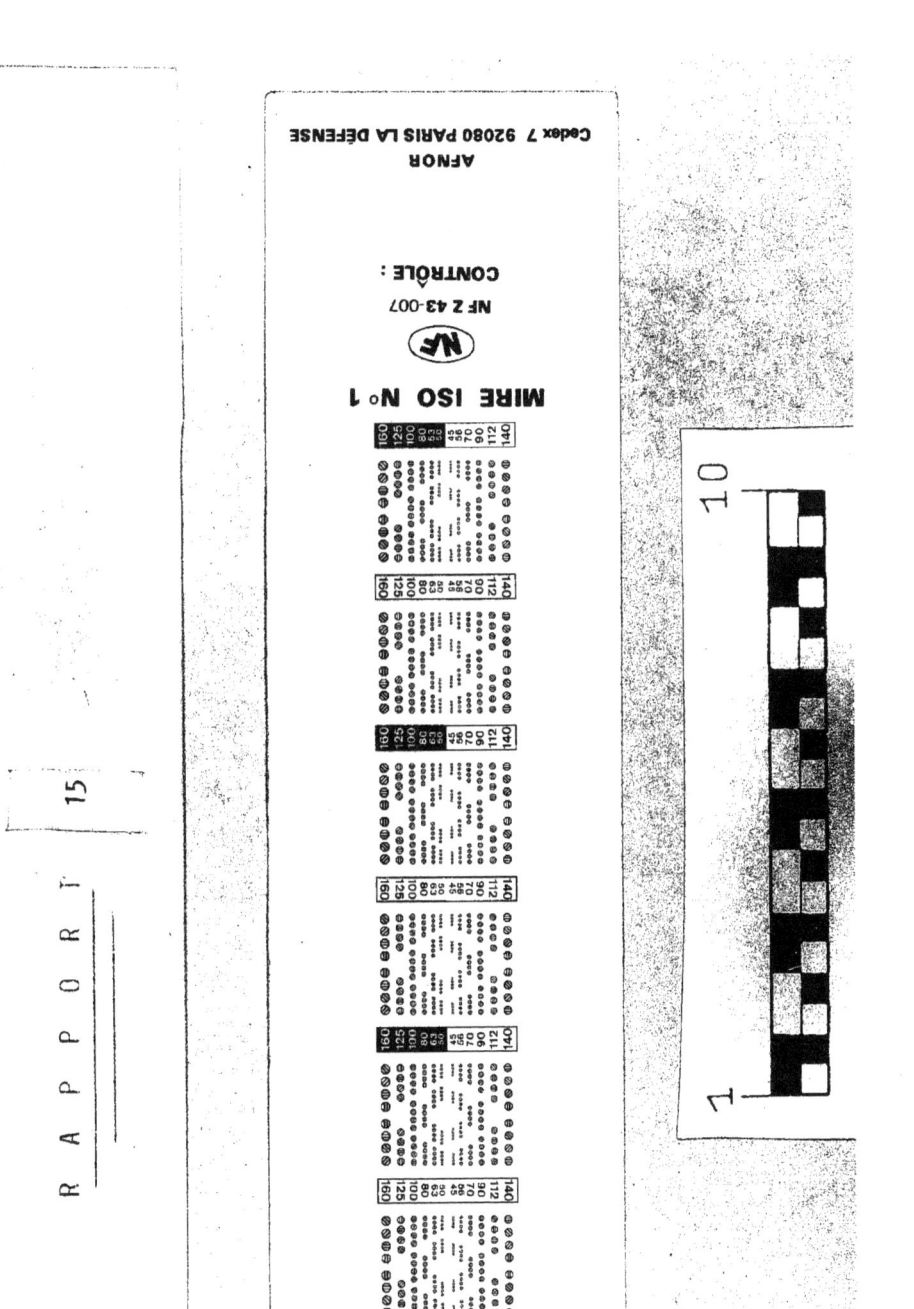

BIBLIOTHÈQUE NATIONALE

CHÂTEAU de SABLÉ
1984

www.ingramcontent.com/pod-product-compliance
Lightning Source LLC
Chambersburg PA
CBHW071521160426
43196CB00010B/1610